ANNALENA PABST

Fokus

ALLES ÄNDERT SICH, WENN DU WÄHLST, WAS GUT IST

ANNALENA PABST

Fokus

ALLES ÄNDERT SICH, WENN DU WÄHLST,
WAS GUT IST

SCM
R.Brockhaus

SCM
Stiftung Christliche Medien

SCM R.Brockhaus ist ein Imprint der SCM Verlagsgruppe, die zur Stiftung Christliche Medien gehört, einer gemeinnützigen Stiftung, die sich für die Förderung und Verbreitung christlicher Bücher, Zeitschriften, Filme und Musik einsetzt.

© 2024 SCM R.Brockhaus in der Verlagsgruppe GmbH
Max-Eyth-Str. 41 · 71088 Holzgerlingen
Internet: www.scm-brockhaus.de; E-Mail: info@scm-brockhaus.de

Soweit nicht anders angegeben, sind die Bibelverse folgender Ausgabe entnommen: Neues Leben. Die Bibel, © der deutschen Ausgabe 2002 und 2006 SCM R.Brockhaus in der SCM Verlagsgruppe GmbH, Holzgerlingen

Weiter wurden verwendet:
Elberfelder Bibel 2006, © 2006 SCM R.Brockhaus in der SCM Verlagsgruppe GmbH, Holzgerlingen
Bibeltext der Neuen Genfer Übersetzung - Neues Testament und Psalmen, Copyright © 2011 Genfer Bibelgesellschaft.
Wiedergegeben mit freundlicher Genehmigung. Alle Rechte vorbehalten.
Lutherbibel, revidiert 2017, © 2016 Deutsche Bibelgesellschaft, Stuttgart

Lektorat: Katharina Töws
Gesamtgestaltung: Erik Pabst, www.erikpabst.de
Druck und Bindung: Drukarnia Dimograf Sp. z o.o.
Gedruckt in Polen
ISBN 978-3-417-01016-9
Bestell-Nr. 227.001.016

»Prüft alles und behaltet das Gute.«

1. Thessalonicher 5,21

Gott redet Gutes zu mir

JANUAR » Ich werde den Tod für immer beseitigen, die Tränen von allen Gesichtern abwischen und jede Schande wegnehmen. Das verspreche ich! — *nach Jesaja 25,8*

FEBRUAR » Hab keine Angst mehr! Ich habe dich erlöst und bei deinem Namen gerufen. Du bist mein. — *Jesaja 43,1*

MÄRZ » Mitten in Erschütterungen darfst du wissen: Auf dich wartet ein unerschütterliches Reich! Hab keine Angst, aber empfange meinen Geist der Furcht des Herrn. — *nach Hebräer 12,28*

APRIL

>> Ihr Eltern – wenn euch eure Kinder um ein Stück Brot bitten, gebt ihr ihnen dann stattdessen einen Stein? Natürlich nicht! Wie viel mehr werde ich dann allen meinen Kindern Gutes tun, die mich darum bitten! — *nach Matthäus 7,9.11*

MAI

>> Wie ein guter Vater seinen Kindern voller Güte begegnet, so begegne ich allen, die Ehrfurcht für mich im Herz haben. Auch dir! — *nach Psalm 103,13*

JUNI

>> Meine Güte bleibt. Ewig! Du kannst dich absolut darauf verlassen. — *nach Psalm 136*

Gott redet Gutes zu mir

JULI

» Es ist gut für euch, dass ich in den Himmel gegangen bin. Denn so konnte ich euch den Helfer, Beistand und Tröster senden. Er ist immer mit euch! — *nach Johannes 16,7*

AUGUST

» Lass deine Scham los! Schau auf mich, ich gebe dir Freude stattdessen. — *nach Psalm 34,6*

SEPTEMBER

» Ich verstehe, warum du schwach wirst, und ich leide mit dir! Ich bin denselben Versuchungen begegnet wie du! Lass dir helfen – ich weiß, wie man, ohne zu fallen, durchkommt! — *nach Hebräer 4,15*

OKTOBER

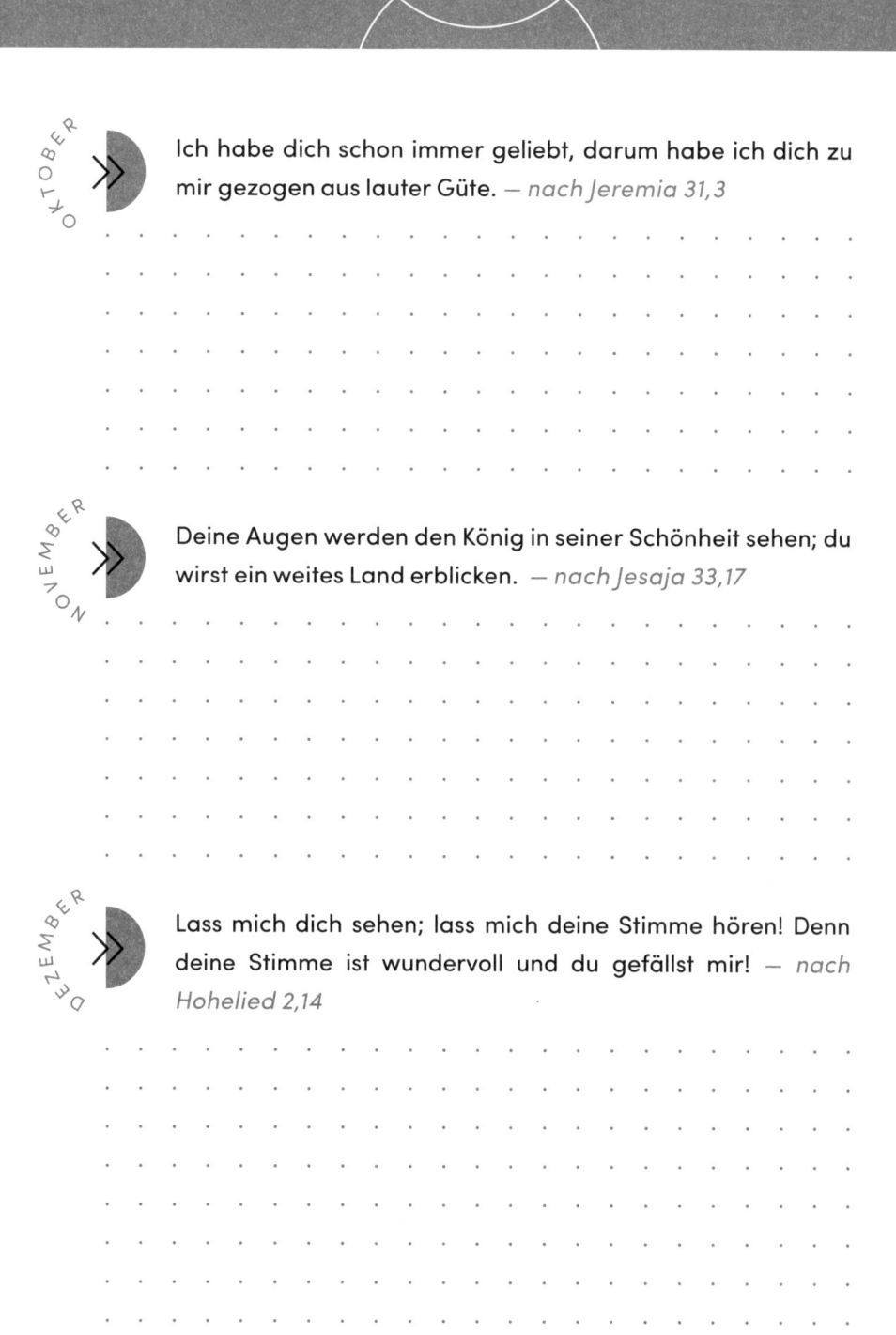

>> Ich habe dich schon immer geliebt, darum habe ich dich zu mir gezogen aus lauter Güte. — *nach Jeremia 31,3*

NOVEMBER

>> Deine Augen werden den König in seiner Schönheit sehen; du wirst ein weites Land erblicken. — *nach Jesaja 33,17*

DEZEMBER

>> Lass mich dich sehen; lass mich deine Stimme hören! Denn deine Stimme ist wundervoll und du gefällst mir! — *nach Hohelied 2,14*

Ich will gut über mich selbst sprechen

Mein letztes Jahr – das war gut und ich werde das in dieses Jahr mitnehmen:

Meine Ziele für dieses Jahr:

Ein persönlicher Jahresvers, den ich empfangen habe:

Schreibe liebevolle Worte über dich auf, zum Beispiel, was du an dir magst oder welche Stärken und Eigenschaften du an dir gut findest:

Was sonst noch wichtig ist:

Mein Jahr auf einen Blick

Januar	Februar	März	April	Mai	Juni
1	1	1	1	1	1
2	2	2	2	2	2
3	3	3	3	3	3
4	4	4	4	4	4
5	5	5	5	5	5
6	6	6	6	6	6
7	7	7	7	7	7
8	8	8	8	8	8
9	9	9	9	9	9
10	10	10	10	10	10
11	11	11	11	11	11
12	12	12	12	12	12
13	13	13	13	13	13
14	14	14	14	14	14
15	15	15	15	15	15
16	16	16	16	16	16
17	17	17	17	17	17
18	18	18	18	18	18
19	19	19	19	19	19
20	20	20	20	20	20
21	21	21	21	21	21
22	22	22	22	22	22
23	23	23	23	23	23
24	24	24	24	24	24
25	25	25	25	25	25
26	26	26	26	26	26
27	27	27	27	27	27
28	28	28	28	28	28
29	29	29	29	29	29
30		30	30	30	30
31		31		31	

Juli	August	September	Oktober	November	Dezember
1	1	1	1	1	1
2	2	2	2	2	2
3	3	3	3	3	3
4	4	4	4	4	4
5	5	5	5	5	5
6	6	6	6	6	6
7	7	7	7	7	7
8	8	8	8	8	8
9	9	9	9	9	9
10	10	10	10	10	10
11	11	11	11	11	11
12	12	12	12	12	12
13	13	13	13	13	13
14	14	14	14	14	14
15	15	15	15	15	15
16	16	16	16	16	16
17	17	17	17	17	17
18	18	18	18	18	18
19	19	19	19	19	19
20	20	20	20	20	20
21	21	21	21	21	21
22	22	22	22	22	22
23	23	23	23	23	23
24	24	24	24	24	24
25	25	25	25	25	25
26	26	26	26	26	26
27	27	27	27	27	27
28	28	28	28	28	28
29	29	29	29	29	29
30	30	30	30	30	30
31	31		31		31

Inhalt

16	**INTRO**
	Taubenaugen
24	**JANUAR**
	Na, alles gut?
36	**FEBRUAR**
	Ein gutes Gewissen
46	**MÄRZ**
	Richtig gut versorgt
58	**APRIL**
	Die Freiheit, das Gute zu wählen
70	**MAI**
	Gott ist gut
82	**JUNI**
	Gutes bleibt gut
94	**JULI**
	Zum Guten befähigt

106 AUGUST
Gute Wurzeln, gute Früchte

116 SEPTEMBER
Gutes empfangen

126 OKTOBER
Das Gute festhalten

138 NOVEMBER
Den guten Weg des Lebens gehen

148 DEZEMBER
Eine Erinnerungskultur des Guten

160 OUTRO
Von Kraft zu Kraft

INTRO

Taubenaugen

Unterm Strich – worum geht es im Leben eigentlich wirklich? Wenn du ein Wort oder einen Satz nennen solltest, was wäre deine Antwort?

Was ist das Entscheidende, was zählt für dich wirklich? Und nach welchen Kriterien wählst du das? Vielleicht bist du jemand, der sich solche Fragen nicht so häufig stellt. Ich stelle mir solche Fragen supergerne. Ich mag die Orientierung, die mir so eine Zuspitzung gibt. Wenn ich mein Ziel kenne, fällt es mir so viel leichter, den Weg zu gehen. Was ist nun also das Ziel? Was ist der Knackpunkt – was muss ich am Ende meines Lebens haben, dass es einfach gut ist?

Jesus wurde diese Frage natürlich auch gestellt. Der Typ, der sie ziemlich selbstbewusst vorbrachte, ging in die Geschichte als „der reiche Jüngling" ein: „Was muss ich Gutes tun, um das ewige Leben zu bekommen?" (Matthäus 19,16). Er hat verstanden, dass das Leben hier auf der Erde nicht das Ende ist. Das ist schon mal gesetzt. Aber worauf kommt es dann an, während wir hier leben?

Das Gespräch zwischen dem reichen jungen Mann und Jesus entwickelte sich. Jesus zählte die Gebote auf, der Mann blieb selbstbewusst. *Check. Alles richtig gemacht.* Dann nahm es eine unvorhergesehene Wendung: „Wenn du vollkommen sein willst", sagte Jesus, „dann geh und verkaufe alles, was du hast, und gib das Geld den Armen, und du wirst einen Schatz im Himmel haben. Dann komm und folge mir nach" (Vers 21).

Vollkommenheit hat offensichtlich nichts mit richtigem Verhalten zu tun – obwohl das alles gut ist. Es geht nicht darum, ein perfekter Mensch zu sein, der alles immer richtig macht. Für die meisten von uns sollte das eine Erleichterung sein! Ich denke, dass sich dieser Mann über sich selbst gehörig getäuscht hat. Sonst hätte er wahrscheinlich aufgeatmet. Doch er machte sich enttäuscht vom Acker. Jesus lenkte den Fokus vom Verhalten zum Motiv. Von dem, was äußerlich sichtbar ist, zu dem, was die Motivation des Herzens ist. Er lobte den jungen Mann nicht, gab ihm keinen Ehrenplatz vor allen. Er wusste, woran das Herz von diesem Mann wirklich hing. Jesus durchschaute seine Selbstgerechtigkeit. Er „wusste genau, wie es im Innersten des Menschen aussieht; niemand brauchte ihm darüber etwas zu sagen" (Johannes 2,25; NGÜ).

Als ich angefangen habe, die Bibel mit diesem Blick zu lesen, habe ich gemerkt: Der Fokus auf die Motivation des Herzens springt mich überall an! Klar, bei Jesus. Bei dem, was er predigte und wie er mit den Menschen umging. Er lenkte immer wieder den Blick darauf, dass Gott nicht äußere Größe imponiert, sondern ein aufrichtiges und hingegebenes Herz. „Wenn jemand der Erste sein will, muss er den letzten Platz einnehmen und allen dienen" (Markus 9,35), um nur mal ein bekanntes Beispiel zu zitieren. Wirklich, es gibt Hunderte Stellen. Aber auch schon im Alten Testament redet Gott über die Bedeutung von dem, was im Verborgenen liegt: bei der Wahl von David zum Beispiel oder wenn er betont, dass ihm Opfer nichts bedeuten, wenn die Herzen nicht passen. Gott ist konsistent. Sein Fokus ist darauf gerichtet, dass dein Herz schöner wird. Dass dein Inneres und dein Äußeres so konsistent sind, wie er selbst ist. Dass du deinem Ebenbild-Sein ganz und gar gerecht wirst. Dass dein Inneres – deine Motive – und dein Äußeres – dein Verhalten – in die Linie kommen mit dem, wie er ist. Dass man seine Kinder an dieser reinen, bedingungslosen und selbstlosen Liebe erkennt, die er ist.

"Gehorcht Gott, weil ihr seine Kinder seid", schreibt Petrus in einem seiner Briefe. Weil du die Identität als Gotteskind hast, kannst du dann auch etwas tun. Petrus schreibt weiter: „Fallt nicht in eure alten, schlechten Gewohnheiten zurück. Damals wusstet ihr es nicht besser. Aber jetzt sollt ihr in allem, was ihr tut, heilig sein, genauso wie Gott, der euch berufen hat, heilig ist. Denn er hat selbst gesagt: ‚Ihr sollt heilig sein, weil ich heilig bin!'" (1. Petrus 1,14-16).

Heilig, wie er heilig ist – das ist sein Fokus! Deswegen ist für Gott wichtig, aus welcher Motivation du Dinge tust. Es bedeutet ihm sehr viel, dass du wahrhaftig und echt lebst. Nichts liegt ihm ferner als Täuschung oder Lüge.

Warum ist das für Gott so entscheidend? Weil er den Plan hat, mit uns Menschen in Ewigkeit wieder zusammenzuleben. Er will mit uns wohnen. Das heißt, wir brauchen dasselbe Wesen, sonst würden wir in seiner Gegenwart einfach vergehen. Um zu diesem Ziel zu kommen, setzt Gott, der Vater, einen klaren Fokus für diese Zeit jetzt. Und Jesus hat uns das vorgelebt.

Fokus: Vollkommenheit

Ich finde diesen Fokus – heilig sein, wie Gott heilig ist – ziemlich krass. Aber gleichzeitig auch enorm attraktiv! Es ist so unfassbar übernatürlich, dass es nur Gott bewirken kann. Das möchte ich gern erleben. Du auch?

Wenn ich dann mit der Fülle meiner Lebensthemen konfrontiert bin, überfordert mich das leicht. Wo anfangen? In solchen Momenten setze ich die Fokus-Brille auf. Ich beginne dann damit, alles, was ich an losen Enden zu fassen kriege, auf ein leeres Blatt zu schreiben. Wolkige Gedanken werden so für mich greifbar. Die Themen, die beurteilt, noch entschieden, aussortiert, priorisiert und vorangetrieben werden müssen – alles beginnt sich zu fügen.

Meistens male ich auf mein Blatt eine einfache kleine Skizze in die Mitte. Eine Art Sessel mit runder Rückenlehne, umgeben von kurzen Strichen, die sagen sollen: Dieser Stuhl strahlt. Hier nimmt der Ewige Platz. Gott thront hier, inmitten aller Themen. Manchmal schreibe ich noch dazu: GOTT IST DA. Extra in Versalien oder auch mal farbig, um mir selbst klarzumachen, um welche Mitte sich alles sortieren wird. Woher der Fokus und die Ausrichtung für mein Leben kommen. Um mein Herz wieder auszurichten auf den, der es gut mit mir meint und der mir beim Sortieren hilft: meinen Papa im Himmel.

„Denn die Augen des Herrn durchlaufen die ganze Erde, um denen treu beizustehen, deren Herz ungeteilt auf ihn gerichtet ist" (2. Chronik 16,9; ELB). Wie cool zu wissen, dass Gott seinen Blick über unsere Erde schweifen lässt, um genau zur richtigen Zeit am richtigen Ort mit Beistand am Start zu sein. Dass er seinen Blick durch die Straßen von Städten und Dörfern schwenkt, an Häuserfassaden hoch, entlang der ausgetretenen Pfade, und auch die Pioniere nicht übersieht, die auf einsamen Wegen nach Neuland stöbern. Worauf ist er dabei fokussiert? Auf Menschen mit ungeteilten Herzen. Leute, die sich nicht ablenken lassen von allem, was sonst noch so ihre Aufmerksamkeit fressen will. Die bereit sind, wenn nötig die Fokus-Brille aufzusetzen und alles, was so ansteht, auszublenden, um nur Gott im Blick zu haben. Menschen, die ihn wählen, weil sie erlebt haben: Gott ist gut für mich. Er ist gut.

Tauben sind so. In der Bibel werden sie deshalb an manchen Stellen herangezogen, um als Metapher für ein Sich-gegenseitig-Fokussieren zu dienen. Im Hohelied zum Beispiel. Tauben können richtig gut sehen. Auch überraschend weit, sie können Farben unterscheiden und haben ein gutes Gespür für Raum und Zeit. Taubenaugen können einen 340-Grad-Radius im Blick behalten. Krass, oder? Und es gibt noch eine Besonderheit: Taubenaugen sind unbeweglich. Wenn wir Menschen in einem fahrenden Zug sitzen, können wir trotzdem einzelne Sachen scharf sehen, weil unsere Pupillen die Bewegung des Zugs ausgleichen. Sie bewegen sich mit. Taubenpupillen sind nicht beweglich. Um trotzdem beim Laufen Dinge scharf zu sehen, machen Tauben diesen Bewegungsausgleich dann mit dem Kopf – der typische Tauben-Kopfnick-Walk.

Ich will meine Augen scharf stellen auf Gott. Ihn stets vor Augen haben, dass ich nicht hinfalle (Psalm 16,8). Ich will meine Augen auf ihn richten mit der Gewissheit, dass er mich versorgt (Psalm 145,15). Gewissermaßen beim Weitblick über mein Leben die Pupillen bewegungslos haben wie eine Taube, um durch alles hindurch Gott scharf im Bild zu haben. Ich will meinen Blick weg von Ablenkungen und hin auf das richten, worauf Gott seinen Fokus setzt: Im Kleinen ist das mein Herz, im Großen ist das sein Ziel, bei uns Menschen zu wohnen.

Bei diesem Vorhaben hilft es mir, immer wieder solche Blätter mit einer kleinen Thron-Skizze und meinen Lebensthemen zu beschriften. Ich will das einüben. Besser werden in Sachen „ungeteiltes Herz". Finde ich gar nicht so leicht. Da ist einfach so viel, was mir wichtig ist, was Leuten in meinem Umfeld wichtig ist und das auf diesem Weg in mein Leben hineindrängt, was ich noch erreichen und wo ich noch brillieren möchte. Da sind noch so viele „Stühle", auf denen ich lieber selbst sitzen und strahlen möchte. Woran mein Herz noch hängt – siehe reicher Jüngling.

Als Nächstes, wenn alles auf meinem Fokus-Papier steht und der Thron gemalt ist, lehne ich mich zurück und gehe in meinen inneren Kinosaal. Mein Inneres lehnt sich zurück. Meine Gefühle und Gedanken, meine Wünsche und Pläne entspannen sich – ja, das können die wirklich –, wie wenn man sich in einem großen, bequemen Sessel niederlässt. Oder auf einem Schoß. Und genau das ist es, was ich dann erlebe. Ich falle in den Schoß von dem, der auf diesem Stuhl mit den Strahlen sitzt.

» Herr, du hast mich erforscht und kennst mich ganz genau. Wenn ich mich setze oder aufstehe – du weißt es; meine Absichten erkennst du schon im Voraus. Ob ich gehe oder liege, du siehst es, mit all meinen Wegen bist du vertraut. Ja, noch ehe mir ein Wort über die Lippen kommt, weißt du es schon genau, Herr. Von allen Seiten umschließt du mich und legst auf mich deine Hand. Ein unfassbares Wunder ist diese Erkenntnis für mich; zu hoch, als dass ich es je begreifen könnte.

Psalm 139,1-6; NGÜ

Von hinten und von vorne so umschlossen von der Nähe Gottes, verflüchtigt sich jede Überforderung. Ich habe das schon so oft erlebt. Dieser Moment ist Gold wert.

Erst jetzt bin ich an dem richtigen Ort, um mit Gott über die Themen auf dem Zettel zu sprechen und dieser Aufforderung nachzugehen, die uns Paulus im Thessalonicherbrief gibt: alles prüfen und nur behalten, was wirklich gut ist und was Gott im Fokus hat. Den Rest werde ich loslassen, aussortieren, runterpriorisieren.

Welcher „Thron" steht bei dir über allem? Was sind die Dinge, die du für dich als so „gut" ins Leben eingraviert hast, dass sie auf jeden Fall passieren sollen? Welche Maßstäbe setzt du an, um zu entscheiden, was gut ist und was nicht?

„Prüft aber alles, das Gute haltet fest!" (1. Thessalonicher 5,21; ELB) – hier steckt eine enorme Befähigung für uns drin. Paulus ermutigt die Leute aus der damaligen Gemeinde in Thessaloniki, sich darin zu üben, einzuschätzen, ob etwas aus dem Heiligen Geist heraus passiert oder nicht. Er will sie aus Überforderung und Ohnmacht herausholen und spricht ihnen zu: „Ja, Gott traut euch das zu, dass ihr entscheiden und das Gute wählen könnt! Traut euch!"

Und das möchte ich dir zum Start in dein neues Jahr auch zusagen: Trau dich ran. Probier mal aus, was passiert, wenn du eine Ebene tiefer gehst und anschaust, in welchem Bereich dein Herz noch nicht weiß, dass Gott gut ist. Lass mal die Fragen stellen, woher wir wissen können, was wirklich gut ist, ob es das „wirklich Gute" überhaupt gibt und was uns vielleicht davon abhält, genau das zu wählen, wenn wir es dann wissen. Lass uns jeden Monat die großen und kleinen Lebensthemen in die Linie mit dem Fokus Gottes bringen.

Gott traut es dir zu, in deiner Urteilsfähigkeit zu wachsen. Er hält Ausschau nach allen, die sich auf ihn ausrichten, um zu lernen, in größerer Sicherheit richtig gute Entscheidungen zu treffen – für sich selbst, für diese Erde, letztlich für die Ewigkeit. Menschen, die bereit sind, eigene Prioritäten und Beurteilungskriterien über den Haufen zu werfen, um den Fokus zu wählen, den er selbst für diese Weltzeit gewählt hat. Menschen, die diese krasse Realität erleben wollen, heilig zu sein, wie Gott heilig ist – von innen nach außen.

Er ist da. Fokus hilft. Starten wir ins Jahr.

Halte fest, was dir wichtig geworden ist.

JANUAR

Na, alles gut?

Eine kurze Frage, die schnell über die Lippen geht. Meistens wollen wir gar keine ganz ehrliche Antwort. Wir nutzen das mehr wie eine Art Grußformel, ein schnelles Hallo. Aber auch andersrum: Wenn uns jemand fragt, wie es gerade geht – wie schnell sind wir dabei, mit einem kurzen „Alles gut!" die Tür zu den tieferen Ebenen im Herzen zu schließen. „Alles gut!" funktioniert dabei wie eine Art Herzenswächter: „Nein, ich möchte jetzt nicht mit dir darüber reden, wie es mir wirklich geht. Lass uns bitte an der Oberfläche bleiben!"

Denn: Alles gut – wann entspricht das denn wirklich unserer Realität? *Alles* ist ja nie ganz gut. Doch wir wollen das eben nicht mit jedem besprechen, uns nicht hinter die Kulissen schauen lassen. Dann lieber ein schnelles „Ja klar, alles gut" vorgeschoben. Vielleicht mit einer schmalen Hoffnung, sich damit selbst Mut zuzusprechen.

Die Realität sieht anders aus: Da ist doch immer irgendwas, das eben nicht gut ist. Sachen, die nerven, etwas ist ungerecht, wir werden ausgebootet, dann sind wir mal wieder krank, manche auch chronisch. Die meisten von uns leben ein extrem volles Leben mit vielen Eisen gleichzeitig im Feuer. Natürlich gibt's da immer auch Unruhe und Umbrüche, was wiederum so manches Ungute nach oben befördert – und ist es nur der nicht aussortierte Ballast der letzten Jahrzehnte im Keller. Mühsam! Und der Feind schläft ja auch nicht. Er läuft herum wie ein brüllender Löwe und schaut, wen er verschlingen kann, sagt die Bibel. Na, ganz toll! Wie soll denn da alles gut sein?

Du kennst deine „Nicht-gut"-Dinge ganz bestimmt. Und auch wenn im direkten Umfeld tatsächlich mal fast alles gut ist, genügt ein Blick in die Welt. Je nachdem, wie nah wir uns das kommen lassen, wird spätestens dann klar: Hier ist so viel im Argen! Nichts ist wirklich gut. Geschweige denn *alles*.

Mir hilft es immer total, wenn ich weiß, wie etwas ausgeht. Wird denn wenigstens am Ende alles gut sein? Meinen Mann bringt es regelmäßig auf die Palme, wenn wir eine spannende Serie anfangen und ich nach Folge 1 Google befrage, ob der Held am Ende noch lebt und was mit dem Bösewicht passiert. Die Spannung bis zuletzt durchzuhalten – das ist mir echt zu mühsam. Ich kann viel besser mitfiebern, wenn ich Ruhe in dieser Frage habe. Das Ende zu kennen, gibt mir Sicherheit. Da weiß ich dann, dass der Moment, in dem der Held über dem Abgrund baumelt – natürlich endet die Folge genau in diesem Moment –, eben nur ein unguter Zwischenstand ist. Dass er aber spätestens rechtzeitig durchkommen wird. Meinem Mann geht es da ganz anders. Er liebt es, in Geschichten die Verwicklungen und Prozesse Schritt für Schritt mitzuverfolgen. Manchmal müssen wir trotzdem abbrechen, selbst wenn ich das Ende kenne. Ich bin nicht so spannungserprobt.

Ich mache das übrigens auch mit Büchern so, letzte Seite zuerst. Wenn du hier mal nach hinten blättern möchtest – da wartet der Jahresrückblick auf dich! Das Ding ist nur: Mit dem Leben geht es eben nicht. Da können wir nicht einfach googeln und uns versichern, dass wir im Dezember immer noch heil sind, dass sich die Umstände in unserem Leben zum Guten hin weiterentwickelt haben. Der Jahresrückblick ist jetzt schon vorbereitet, aber nachlesen, dass alles gut geworden ist, können wir noch nicht.

Was aber geht: Wir können das letzte Kapitel in der Bibel anschauen. Schon mal gemacht? Da hat Gott für alle, die so wie ich Sicherheit über das Ende brauchen, aufschreiben lassen, wie unsere jetzige Phase der Weltgeschichte enden wird:

» Dann sah ich einen neuen Himmel und eine neue Erde, denn der alte Himmel und die alte Erde waren verschwunden. Und auch das Meer war nicht mehr da. Und ich sah die heilige Stadt, das neue Jerusalem, von Gott aus dem Himmel herabkommen wie eine schöne Braut, die sich für ihren Bräutigam geschmückt hat.

Ich hörte eine laute Stimme vom Thron her rufen: „Siehe, die Wohnung Gottes ist nun bei den Menschen! Er wird bei ihnen wohnen und sie werden sein Volk sein und Gott selbst wird bei ihnen sein. Er wird alle ihre Tränen abwischen, und es wird keinen Tod und keine Trauer und kein Weinen und keinen Schmerz mehr geben. Denn die erste Welt mit ihrem ganzen Unheil ist für immer vergangen."

Und der, der auf dem Thron saß, sagte: „Ja, ich mache alles neu!" Und dann sagte er zu mir: „Schreib es auf, denn was ich dir sage, ist zuverlässig und wahr!"

Und er sagte auch: „Es ist vollendet! Ich bin das Alpha und das Omega – der Anfang und das Ende. Jedem, der durstig ist, werde ich aus der Quelle, die das Wasser des Lebens enthält, umsonst zu trinken geben! Wer siegreich ist, wird dies alles empfangen; ich werde sein Gott sein, und er wird mein Sohn sein. Doch die Feigen und Treulosen und diejenigen, die abscheuliche Taten tun und die Mörder und Unzüchtigen und die, die Zauberei treiben, die Götzendiener und alle Lügner – sie erwartet der See, der mit Feuer und Schwefel brennt. Das ist der zweite Tod."

Offenbarung 21,1-8

Markiere dir doch mal im Text gegenüber, was genau gut werden wird und wie das Gute hier beschrieben wird. Welche Rolle hat Gott dabei?

Kommt dadurch schon etwas mehr Sicherheit an? Sind da Dinge dabei, die du dir für dich auch wünschen würdest? Dass Gott deine Tränen abwischt vielleicht? Oder ist das alles viel zu weit weg, als dass es für dein Jahr, für dein Leben, für deine persönliche Zukunft etwas aussagen könnte? Vielleicht stolperst du auch über die letzten Sätze. Offensichtlich gilt das Happy End nicht für alle. Für Menschen, die abscheuliche Taten tun, wie es der Text sagt, wird nicht alles gut werden. Für alle, die von solchen abscheulichen Taten gequält worden sind, allerdings schon.

Was wir über diese Zukunftsvision sagen können: Es wird das Allermeiste erstaunlich gut sein – individuell und für die gesamte Schöpfung –, Gott wird sehr nah mit uns sein, und bestimmte Lebensweisen werden sehr ungute, ewige Konsequenzen haben. Es ist also entscheidend für ein gutes Ende, ob wir das wählen, was nach Gottes Kriterien gut ist oder nicht.

Das Ende zu kennen – für mich ist das, wie gesagt, eine Frage der Sicherheit. Wenn ich mir sicher sein kann, dass am Ende alles gut ist, dann kann ich in dem, was gerade ungut ist, viel besser stehen bleiben. Es macht das Aushalten leichter. Und das ist Gott auch bewusst: Ihm ist wichtig, dass wir wissen, was uns erwartet. Er kennt uns sehr genau, und er weiß, was uns Sicherheit für das Leben heute gibt.

Starten wir in das Jahr damit, Gott unser sicherheitsbedürftiges Herz hinzuhalten. Und sprechen wir mit ihm, der außerhalb von Raum und Zeit steht, über das, was gerade ganz und gar nicht gut ist.

Erzähle ihm, dass du dich nach dem Guten sehnst oder an welchem Punkt du aufgehört hast, daran zu glauben. Bitte ihn, dass er sich dir als der Gott aus Jakobus 1 zeigt: als Gott, von dem nur gute Gaben und nur vollkommene Geschenke kommen und der sich niemals ändert (Vers 17). Als der, der immer bleibt, wie er ist – gut.

OFFENBARUNG-21-CHALLENGE
Hat das Gute das letzte Wort?

> Siehe, die Wohnung Gottes ist nun bei den Menschen! Er wird bei ihnen wohnen und sie werden sein Volk sein und Gott selbst wird bei ihnen sein. Er wird alle ihre Tränen abwischen, und es wird keinen Tod und keine Trauer und kein Weinen und keinen Schmerz mehr geben. Denn die erste Welt mit ihrem ganzen Unheil ist für immer vergangen.

Offenbarung 21,3-4

Glaubst du, dass das Gute das letzte Wort hat? Schau dir drei Situationen an, die gerade in deinem Leben herausfordernd sind und bei denen es dir schwerfällt, das Gute zu erkennen. Rede dann mit Gott über diese Situationen – wie bewertet er die Umstände? Tausch dich mit ihm darüber aus, wie er dieses Ungute lösen möchte. Wie werden diese Situationen aussehen, wenn alles gut geworden ist?

Ich sage das so einfach daher, „Besprich das mal mit Gott ...". Es kann gut sein, dass das für dich gar nicht so einfach ist. Vielleicht hast du noch wenig Übung darin. Lass noch mal bei Jakobus lesen:

> Wenn jemand unter euch Weisheit braucht, weil er wissen will, wie er nach Gottes Willen handeln soll, dann kann er Gott einfach darum bitten. Und Gott, der gerne hilft, wird ihm bestimmt antworten, ohne ihm Vorwürfe zu machen. Aber wer ihn fragt, soll auch wirklich mit seiner Antwort rechnen! Denn einer, der zweifelt, ist so aufgewühlt wie eine Meereswoge, die vom Wind getrieben und hin- und hergeworfen wird. Ein solcher Mensch darf nicht erwarten, etwas von Gott zu erhalten, denn er ist unbeständig und schwankt ständig hin und her.

Jakobus 1,5-8

1. SITITUATION

> Probiere aus, dich in der Haltung, die in Jakobus 1 beschrieben wird, mit Gott über deine Themen auszutauschen. Mal schauen, was du erlebst!

2. SITUATION

3. SITUATION

1. SITUATION, WENN ALLES GUT IST

2. SITUATION, WENN ALLES GUT IST

3. SITUATION, WENN ALLES GUT IST

DER JANUAR IM FOKUS

RÜCKBLICK

Das hat Gott Gutes zu mir geredet:

Das habe ich als wirklich gut erlebt:

Dafür bin ich dankbar:

Das ist mir richtig gut gelungen:

AUSBLICK

Das will ich mit dem Geist Gottes prüfen:

Darauf freue ich mich:

Das wird schwierig:

Hier warte ich auf ein Reden Gottes:

PRÜFSTEIN

Das will ich behalten:

Das will ich verwerfen:

FEBRUAR

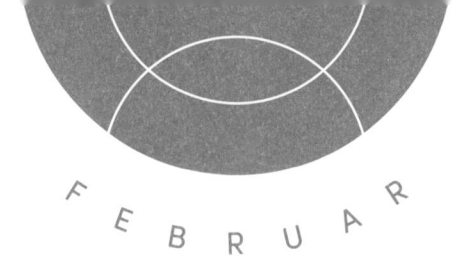

Ein gutes Gewissen

Hast du dich schon mal gefragt, warum Gott David einen Mann nach seinem Herzen nennt? Das ist eine sehr intime Aussage, finde ich. Dass Jesus nach dem Herzen Gottes gelebt hat, klar. Aber David? Der Mann, der massiv ungehorsam war gegenüber Gott? In einem der Psalmen, die er schreibt, um Gott für seine Rettung und den Sieg über Feinde zu danken, tritt er so vor Gott auf, wie uns der Schreiber des Hebräerbriefs ermutigt zu tun: voller Freimütigkeit und Zuversicht (Hebräer 4,16).

> » Der Herr wird mich belohnen, weil ich aufrichtig bin, und mir den Lohn dafür geben, dass ich unschuldig bin. Denn ich bin die Wege des Herrn gegangen und habe mich nicht von meinem Gott abgewandt, um dem Bösen nachzulaufen. Alle seine Rechte habe ich ständig vor Augen, nie bin ich von seinen Geboten abgewichen. Ich bin ohne Schuld vor Gott, denn ich habe mich von der Sünde ferngehalten. Der Herr hat mich belohnt, weil ich recht tue und weil ich mich vorbildlich verhielt.
>
> *Psalm 18,21-25*

Wow. Dieses Selbstbewusstsein! Jemand, der so betet, hat ein gutes Gewissen. Er ist sich sicher, dass er ein gutes Leben lebt, eines, das auch Gott so nennen wird. Wie kommt David zu dieser starken Gewissheit, dass Gott für ihn ist? Und dass er mit der Art, wie er lebt, von Gott belohnt wird?

Das Herz Davids zeichnen sicherlich viele Dinge aus. Weil es uns aber um die Frage geht, wie wir Gott gegenüber ein durch und durch gutes Gewissen haben können, greife ich diese beiden heraus: Furcht des Herrn und Demut. Ich glaube, dass das auch heute noch so ist. Menschen, die zuversichtlich und mit Selbstbewusstsein zu Gott kommen – immerhin die mächtigste Instanz des Universums – und voller Vertrautheit mit ihm sprechen, tragen in sich Demut und Furcht des Herrn.

Demut

Obwohl David schon als Teenager eine Königssalbung erhalten hat, hat er erst Jahrzehnte später tatsächlich den Thron genommen. Einer seiner Männer fragte ihn auch nach einem der vielen Siege über die Feinde Israels – David war längst der Beliebtere im Volk –, ob er nun den Thron Sauls übernehmen würde. Aber David hat sich diese Position nicht einfach selbst. Er hat gewartet, die Erwählungen Gottes hochgeachtet. Er hat sich unter die mächtige Hand Gottes gedemütigt, damit Gott ihn erhöhen konnte (1. Petrus 5,6; ELB). Das heißt: David hat gewartet, bis Gott ihm öffentlich zu Ansehen verhalf. Er hatte es nicht nötig, sich selbst in Position zu bringen.

Eine andere Situation (2. Samuel 12): Nach der Sache mit Batseba – die übrigens bittere Konsequenzen für David und seine ganze Familie nach sich zog – kam der Prophet Nathan zu David, um ihm einen Spiegel vorzuhalten. Eine unschöne und ungeschminkte Situation. Die Wahrheit kam auf den Tisch. Radikal. Und David? Nahm die scharfe Zurechtweisung mit einem weichen Herzen auf. Sofort, ohne Widerrede, ohne sich selbst zu rechtfertigen, ohne seine Sünde zu leugnen. Nur ein einfaches Bekenntnis: „Ich habe gegen den Herrn gesündigt" (Vers 13). So kann nur ein Herz reagieren, das Demut unter Gott gelernt hat.

Furcht des Herrn

Davids Psalmen geben uns viel Innensicht, wie dieser Mann mit Gott Beziehung gelebt hat. Er kannte die uneingeschränkte Autorität Jahwes, er hat sie bewundert, bestaunt und ersehnt. Und er hat Gott eingeladen, ihn komplett zu „durchleuchten", wenn ich das mal so sagen kann. Mit Jesus ist uns das Leben im Licht noch mal in einer neuen Art zugänglich geworden (1. Johannes 1). Es meint einen Lebensstil, bei dem wir nichts mehr vor Gott verbergen, sondern uns, egal was ist, in sein Licht flüchten. Wir können das, weil wir wissen, dass Gott eh alles weiß und sieht. Er ist der Gott, der ins Verborgene sieht. Und wir können das, wenn wir Jesus haben, weil wir wissen: Sein Blut reicht aus, dass wir in Gottes verzehrendem Feuer nicht zugrunde gehen.

David kannte das Leben im Licht, obwohl er nie den 1. Johannesbrief gelesen hat: „Erforsche mich, Gott, und erkenne mein Herz, prüfe mich und erkenne meine Gedanken. Zeige mir, wenn ich auf falschen Wegen gehe, und führe mich den Weg zum ewigen Leben" (Psalm 139,23-24). Wie oft er diese Erlaubnis wohl gesungen und gebetet hat? Gott nimmt unsere Einladung, uns von ihm durchleuchten und prüfen zu lassen, sehr ernst. In der Furcht des Herrn zu leben, heißt nicht, sich aus Angst vor ihm zu verstecken. Im Gegenteil: Es heißt, in jedem Moment mit der Gewissheit zu leben, dass wir unser Leben in völliger Transparenz vor unserem Gott leben, der so heilig ist, dass alles in uns verbrennt, was ihm nicht standhält. Und dazu ein unumstößliches Ja zu haben.

Genau deswegen konnte sich David mit seinem ganzen Gewicht in die Zusagen Gottes lehnen. Genau deswegen hatte er ein gutes Gewissen, ein tiefes Selbstbewusstsein und gleichzeitig große Ehrfurcht vor seinem Gott. Er wusste, dass Gott barmherziger ist als sein eigenes Herz. Genau deswegen nennt ihn Gott „einen Mann nach seinem Herzen".

Wie trittst du vor Gott? Hast du ein gutes Gewissen? Beschwert dich etwas, hindert dich dabei, in Leichtigkeit vor ihm Entscheidungen zu treffen?

Möchtest du dein Leben im Licht leben? Fürchtest du Gottes Heiligkeit oder löst diese Art, vor Gott völlig transparent zu sein, in dir Sehnsucht aus?

Kennst du die Barmherzigkeit Gottes, hast du sie an dir schon mal erlebt?

Wie du dein Leben lebst, ist entscheidend. Welche Dinge du tust, wie du entscheidest, was du wählst – es spielt eine Rolle. Wir werden nicht durch gute Taten gerettet – das können wir uns nicht verdienen. Aber gute Taten spielen sehr wohl eine entscheidende Rolle. Johannes erklärt uns: Wir wissen, dass Gott uns liebt und dass wir ihn lieben, wenn wir *tun*, was er gesagt hat. So können wir unser Herz vor Gott zur Ruhe bringen, schreibt er (1. Johannes 3,18-19). Es gibt uns die Gewissheit, die wir brauchen, um voller Selbstbewusstsein mutig vor den Thron Gottes zu kommen.

1.-JOHANNES-3-CHALLENGE
Komm zu Gott – radikal, echt.

» Denn wann immer unser Gewissen uns anklagt, dürfen wir wissen: Gott in seiner Größe ist barmherziger als unser eigenes Herz, und ihm ist nichts verborgen. Er, der uns durch und durch kennt, sieht nicht nur unsere Verfehlungen.

1. Johannes 3,20

Plane dir im Februar mehrere Zeiten ein, in denen du zu Gott ins Licht trittst. Versuche ganz bewusst, nicht einen Weg zu gehen, in dem du dich geübt und stark fühlst. Wenn du zum Beispiel viel Worship leitest und ein exzellenter Musiker bist – komm ohne dein Instrument, nur mit Stille. Oder wenn du darin geübt bist, Gott in langen Zeiten der Stille zu begegnen, aber nur zwei Griffe auf der Gitarre kannst, komm mit deiner Gitarre. Du verstehst das Prinzip. Demut heißt, jede eigene Stärke, alles, was in dir groß und hoch ist, vor Gott niederzulegen.

Lege deine inneren und äußeren Kleider ab, die du gewohnt bist zu tragen, um in den Augen von Menschen schöner zu sein. Komm so, wie die Realität aussieht. Zeige deine Schwächen. Zeige dich Gott, wie du bist. Ungeschönt. Radikal. Echt. Halte es aus, dass es sich ungemütlich anfühlt. Sei mutig. Durch Jesus kannst du sicher sein, dass Gott dich nicht verurteilt. Komm noch mal, noch mal. Schau, wie Gott sich dir zeigen wird, und beobachte, was in deinem eigenen Herzen passiert. Ich habe erlebt, wie die Furcht des Herrn in mir einzieht, wenn ich so zu Gott komme.

DER FEBRUAR IM FOKUS

RÜCKBLICK

Das hat Gott Gutes zu mir geredet:

Das habe ich als wirklich gut erlebt:

Dafür bin ich dankbar:

Das ist mir richtig gut gelungen:

AUSBLICK

Das will ich mit dem Geist Gottes prüfen:

Darauf freue ich mich:

Das wird schwierig:

Hier warte ich auf ein Reden Gottes:

PRÜFSTEIN

Das will ich behalten:

Das will ich verwerfen:

MÄRZ

Richtig gut versorgt

In Lukas 12 redet Jesus über das Sorgenmachen. Da geht es viel um Dinge, die wir brauchen, damit unser Leben gut und angenehm ist. Dinge, die wir brauchen – und die wir uns selbst kaufen können! Materielle Dinge. Ein Haus, Klamotten, Essen. Autos gab es damals noch nicht, Handys auch nicht. Sonst wären die sicher auch dabei. Sind jedenfalls ganz heiße „Dient das wirklich zum Guten?"-Kandidaten.

Was mich in diesem Kapitel total getroffen hat: wie scharf Jesus hier zwischen Gottvertrauen und Selbstversorgung trennt, wenn es um die alltäglichen Bedürfnisse geht. Er redet nicht um die Elefanten im Raum herum: Heuchelei, Gier, Menschengefälligkeit, Angst, Misstrauen und Sorge – Jesus macht sehr deutlich, wie man leben muss, um das wahre Gute zu verpassen: „Nehmt euch in Acht! Begehrt nicht das, was ihr nicht habt. Das wahre Leben wird nicht daran gemessen, wie viel wir besitzen" (Vers 15).

Gleichzeitig merkt man ihm an, dass ihm die Leute, zu denen er redet, wirklich am Herzen liegen. Sind wir Menschen Gott nicht viel wichtiger als Vögel und Blumen, die er doch auch täglich und im Überfluss am Leben erhält? Jesus nutzt diese Vergleiche, um uns die Verhältnismäßigkeit vor Augen zu führen: Der Gott, der jedes Haar auf deinem Kopf gezählt hat und weiß, wie viele dir jeden Tag ausfallen, wird natürlich auch dein Leben erhalten. Keine Frage! So wie er es bis heute schon getan hat. So lange, wie er das Maß für dein Leben gesetzt hat.

> Können all eure Sorgen euer Leben auch nur um einen einzigen Augenblick verlängern? Natürlich nicht! Und wenn euer Sorgen schon in so geringen Dingen nichts bewirkt, was nützt es da, sich um größere Dinge zu sorgen?

Lukas 12,25-26

Wie viel ist Gott dein Leben wohl wert? Wird er dafür aufkommen? Inklusive Rente?

Wird Gott dein Leben erhalten? Auch so, dass es dir tatsächlich gut geht? Auch wenn du nicht in Bitcoin investiert hast? Kümmert er sich nicht nur um die immateriellen Dinge, sondern auch um alles Materielle, was du brauchst?

Vielleicht fordert uns das heraus und konfrontiert uns mit unserem Sicherheitsdenken, aber es ist aus meiner Sicht eine Botschaft, die wir dringend hören müssen: Wir werden unser Leben nicht retten können, egal wie sehr wir uns bemühen, es richtig gut zu haben. Und es geht Gott, der uns und unser Leben und unsere Zukunft in der Hand hält. Und es geht wieder um die Frage, ob ich darauf vertraue, dass Gott mich tatsächlich so wertschätzt, wie Jesus hier so metaphernreich beschreibt. Dass er mich versorgt, weil ich es ihm wert bin. Traue ich Gott das zu?

Im Leib Jesu hat sich eine ganze Bewegung entwickelt, für die der materielle Wohlstand das zentrale Signal ist, ob jemand im Segen Gottes lebt oder nicht. Vertiefe dich in dieses Kapitel im Lukasevangelium und prüfe selbst: Entdeckst du in dem, was Jesus lehrt, etwas, das so eine Schussfolgerung nahelegen würde?

> Macht euch keine Gedanken über eure Nahrung – was ihr essen oder trinken sollt. Macht euch keine Gedanken darüber, ob Gott euch damit versorgen wird. Diese Dinge beherrschen das Denken der meisten Menschen, doch euer Vater weiß, was ihr braucht. Er wird euch jeden Tag alles Nötige geben, wenn das

Reich Gottes für euch das Wichtigste ist. Hab also keine Angst, kleine Herde. Denn es macht eurem Vater große Freude, euch das Reich Gottes zu schenken. Verkauft, was ihr habt, und gebt es den Bedürftigen. Auf diese Weise sammelt ihr euch Schätze im Himmel! Und die Geldbörsen des Himmels haben keine Löcher. Dort ist euer Schatz sicher – kein Dieb kann ihn stehlen und keine Motte ihn zerfressen. Wo immer euer Reichtum ist, da wird auch euer Herz sein.

Lukas 12,29-34

Mir sind beim Vertiefen diese Aspekte ins Herz gefallen:

- Wenn ich mich allein um den Lebensunterhalt sorge, bin ich zwar unabhängig und für einen kurzen Zeitraum vielleicht auch abgesichert, siehe der Bauer mit den großen Scheunen (V. 16-21). Aber ich verpasse diese besondere Wohltat, dass mich mein wohlwollender Papa im Himmel versorgt – der nebenbei Herr aller Reichtümer ist, der materiellen und immateriellen. Ich verpasse die Beziehung und die Freude, die darin liegen.
- Meinen Lebenserhalt ohne Gott zu bestreiten, wird mein Herz in Angst und Sorgen gefangen halten. Und Angst ist der Stoff, aus dem die Gefängnisse vom Feind sind.
- Scheunen, die ich selbst baue, muss ich auch selbst absichern. Verantwortung, die ich mir ohne Gott selbst zuschreibe, trage ich dann auch erst mal mit ganzem Gewicht. Habe ich den Mut, das Maß und die Zeitpunkte für meine Vorsorge von Gott zu empfangen?
- Mein Herz wird Sicherheit aus allem ziehen, in das ich den größten Teil meiner Ressourcen stecke – Zeit, Kraft, Leidenschaft und Geld.
- Wenn ich meine Gedanken zu sehr mit all dem beschäftigt halte, was ich meine für ein schickes, gut aussehendes Leben nötig zu haben, dann habe ich keinen Platz mehr im Kopf, um über die wirklich

wichtigen Dinge nachzudenken – nämlich die, die ewig sind, nicht vergänglich. Ich sag mal so: Onlineshops, die mir versprechen, dass ich mich glücklich kaufen kann, zum Beispiel, stehen hier Schätzen gegenüber, die anscheinend ewig halten.

Ich möchte unbedingt noch mehr darüber lernen, wie genau das Reich Gottes ist. Jesus bringt das hier mehrmals, setzt es den materiellen Reichtümern gegenüber. Es gibt im Königreich Gottes Geldbörsen ohne Löcher und Kleidung aus unkaputtbarem Material. Da denke ich direkt daran, dass wir einen ganz neuen Menschen *anziehen* können, „der nach Gottes Bild erschaffen ist und dessen Kennzeichen Gerechtigkeit und Heiligkeit sind, die sich auf die Wahrheit gründen" (Epheser 4,24; NGÜ). Und dass wir als die, die Gott erwählt hat, die er liebt und heiligt, herzliches Erbarmen, Güte, Demut, Milde und Langmut *anziehen* können wie Kleidung (Kolosser 3,12; ELB). Das ist die Art von Outfit, die laut Jesus „wirklich wichtig" ist.

In Lukas 12 bringt Jesus noch mehr solcher scharfen Schnitte, um klarzumachen, was das wahre – das gute – Leben aus seiner Sicht ist. Es macht einen Unterschied für das Leben auf der Erde und für das, das in Ewigkeit folgt, ob ich mein Herz auf Gott ausrichte und von ihm alles, was ich brauche, empfange. Oder ob ich mich dafür entscheide, ein Selbstversorger zu sein. Was das genau für jeden Einzelnen bedeutet – darauf gibt es keine einfachen Allerwelts-Antworten. Im Zwiegespräch mit Gott, im Prozess des Glaubens und Lebens hält der Heilige Geist immer wieder richtungsweisende Gedanken und Hinweise bereit.

Was Jesus mir gezeigt hat, als ich Lukas 12 gelesen habe, das habe ich erzählt. Und was redet Gott zu dir durch dieses Kapitel? Nutze den März und vertiefe dich darin. Was fällt dir ins Herz, was fordert dich heraus? Merkst du einen Widerspruch zu dem, was du dir bisher als gute Lebensprinzipien in den Bereichen Versorgung, Vorsorge, Finanzen, Besitz und Genuss gesetzt hattest?

Für deine Reflexion segne ich dich mit dem Geist des Herrn. Wo der Geist des Herrn ist, da ist Freiheit. Und die wirst du sicher brauchen, wenn du dir deine Überzeugungen und Mindsets anschaust. Wenn du beginnst, Dinge anhand vom Wort Gottes selbstkritisch zu hinterfragen. Ich habe Glauben, dass du den Vater erlebst, wie er dich in diesen Wochen mit seinem Schutz umgibt, und dass du nicht verloren gehst. Manchmal können die Gedanken und Gefühle richtig ins Trudeln kommen, wenn wir anfangen, an ihren Fundamenten zu rütteln. Das mit der Unterstützung von Gottes Geist zu tun, darauf liegt eine großartige Verheißung: Du wirst wissen, was Gott sich für dich und dein Leben wünscht.

» Deshalb orientiert euch nicht am Verhalten und an den Gewohnheiten dieser Welt, sondern lasst euch von Gott durch Veränderung eurer Denkweise in neue Menschen verwandeln. Dann werdet ihr wissen, was Gott von euch will: Es ist das, was gut ist und ihn freut und seinem Willen vollkommen entspricht.

Römer 12,2

LUKAS-12-CHALLENGE
Einmal sorgenfrei, bitte!

» Macht euch keine Gedanken darüber, ob Gott euch damit versorgen wird. ... Euer Vater weiß, was ihr braucht. Er wird euch jeden Tag alles Nötige geben, wenn das Reich Gottes für euch das Wichtigste ist.

Lukas 12,29-30

Meine Gedanken zu Lukas 12:

Ich habe zwei Ideen, um das Sorgen-Wegwerfen greifbar zu machen. Allen praktisch veranlagten Leuten wird das besonderen Spaß machen, für die Theoretiker unter uns: Probierts mal aus! Ich bin selbst eher ein Theoretiker und es hat mir schon oft geholfen, die Sorgen und das Ungute, das der Heilige Geist mir gezeigt hat, spürbar wegzuwerfen oder von mir zu entfernen.

- Beschrifte ein altes T-Shirt mit den Mindsets, Sorgen und Ängsten, die du loswerden möchtest, und verbrenne es anschließend. Ich empfehle immer, solche Statements zwischen unsichtbarer und sichtbarer Welt nicht alleine zu setzen, sondern mit Menschen, die dir nah sind und die deinen Glaubensschritt bezeugen und unterstützen.
- Klebe deine Themen auf kleine Bälle und schleudere sie auf einer freien Fläche so weit von dir, wie du kannst. Nach jedem Wurf: Spüre in dich hinein – merkst du, dass Gott da ist? Du wirfst die Ängste und Sorgen nicht ins Nichts. Du wirfst sie ganz gezielt auf ihn, in der Gewissheit: Er wird diese Vorsorge ab sofort für dich tragen und du holst sie nicht mehr zurück.

Noch was: Lass nur los, wenn du innerlich eine große Freiheit spürst. Dann ist der Geist des Herrn da! Ist noch etwas eng, warte besser noch ab und lehne dich mit diesen Themen in der Hand an deinen Vater im Himmel an. Vergewissere dich so lange, dass er es wirklich gut mit dir meint und dass er mit dir ist, bis dein Herz Freiheit hat, ihm alles entgegenzuwerfen.

DER MÄRZ IM FOKUS

RÜCKBLICK

Das hat Gott Gutes zu mir geredet:

Das habe ich als wirklich gut erlebt:

Dafür bin ich dankbar:

Das ist mir richtig gut gelungen:

AUSBLICK

Das will ich mit dem Geist Gottes prüfen:

Darauf freue ich mich:

Das wird schwierig:

Hier warte ich auf ein Reden Gottes:

PRÜFSTEIN

Das will ich behalten:

Das will ich verwerfen:

APRIL

Die Freiheit, das Gute zu wählen

Meine Mama hat mir ein Erlebnis aus ihrer Jugend recht häufig erzählt. Sie hatte schon immer einen starken Freiheitsdrang. Als sie in ihren Zwanzigern dann die langersehnte Reise in die Vereinigten Staaten – das Land der Freiheit und Möglichkeiten – machte und endlich am westlichen Ende an der Küste des Pazifiks stand, den Blick in die Weiten des Ozeans gerichtet, da merkte sie: Freier als zu Hause war sie hier eigentlich auch nicht. Es war zwar fantastisch schön hier, aber sich selbst und die inneren Unfreiheiten hatte sie auch hierhin mitgenommen. Für sie ein Ernüchterungsmoment. Und gleichzeitig auch ein Wendepunkt. Denn wenn Freiheit nicht weit weg ist, dann können wir auch zu Hause frei sein.

Wirkliche Freiheit liegt also woanders. Sie ist nicht an einem äußeren Ort, sondern in unserem Inneren zu finden. Innerlich so frei zu sein, dass wir jemandem, der uns übers Ohr haut, mit Großzügigkeit begegnen oder voller Freude Gott loben, obwohl wir im Gefängnis sitzen und alles gegen Freude spräche – das ist ein Riesenschatz! Und es hat eine große Kraft.

Gott im Gefängnis zu loben, das haben tatsächlich schon viele Christen gemacht: Paulus zum Beispiel. Er schreibt dann auch:

» Ich habe gelernt, mit dem zufrieden zu sein, was ich habe. Ob ich nun wenig oder viel habe, ich habe gelernt, mit jeder Situation fertig zu werden: Ich kann einen vollen oder einen leeren Magen haben, Überfluss erleben oder Mangel leiden. Denn alles ist mir möglich durch Christus, der mir die Kraft gibt, die ich brauche.

Philipper 4,11-13

„Mir ist alles möglich ... Alles ist für mich okay, mir geht es gut." Mich beeindruckt das. Ob es mir gut geht, wird plötzlich sehr unabhängig von allen sichtbaren Umständen. Mich mit wenig genauso gut zu fühlen, genauso abgesichert, und fröhlich über das Leben zu sein wie mit viel? In jeder Situation frei zu sein, Eigenes loszulassen, damit andere gestärkt werden? Mit so einer Haltung kann ich „Alles gut!" sagen, und es entspricht tatsächlich der Wahrheit!

Vor einiger Zeit hat Gott zu meinem Mann und mir gesprochen, dass wir in meine alte Heimat zurückgehen sollten. Für mich zu diesem Zeitpunkt ein absolutes No-Go. Ich hatte null Freiheit, diesen Wohnort zu wählen. Ich komme aus einer ländlichen Gegend, liebe aber große Städte, Cafés, Kultur und Möglichkeiten. Auch das Gefühl, wieder in meine Rolle von damals zurückzumüssen, hat mich sehr unfrei gemacht. Über die Geschichte von Jona hat Gott mein Herz dann gepackt: „Darf ich dir diesen Ort als dein Ninive geben?" Gott wollte mich senden, und ich war so eingenommen von meinen Lieblingsvorstellungen, wo ich mein Leben verbringen wollte! Von dem, was ich gut finden würde! Dieses Erlebnis hat mich gelehrt, dass ich erst dann weiß, wie frei ich wirklich bin, wenn ich etwas wählen soll, was mir nicht gefällt. Wenn ich etwas wählen soll, was mir eh gefällt, ist das ziemlich einfach. Wirkliche Freiheit ist aber unabhängig davon, was ich gerade mag oder nicht mag. Das ist die übernatürliche Freiheit, die Jesus dann auch das Kreuz wählen ließ – komplett freiwillig! Das hat ihm sicherlich nicht gefallen! Er hat es aber trotzdem gemacht, weil er die echte

Freiheit dazu hatte, das zu tun, was Gott wollte und was gut und richtig war.

Paulus schreibt auch, dass er diese Haltung der inneren Freiheit erst lernen musste. Er hat es gelernt, ganz frei zu sein und immer zu wählen, was Gott für ihn hat. Und das im Glauben, dass es das Beste für ihn ist, egal ob gerade viel oder wenig da ist, ob er körperlich frei oder Gefangener ist. Er musste es durcherleben. Innere Freiheit ist ihm nicht einfach so zugefallen. Es brauchte seine Zeit, Ernüchterungsmomente. Es brauchte etliche Situationen eines Hin und Her der Lebensumstände, dass er die innere Haltung einüben konnte. Und es brauchte intensive Nähe zu Jesus. Von ihm lernen wir diese „übermenschliche" Wahlfreiheit, die nur aus Gott kommen kann:

» *Jeder soll auch auf das Wohl der anderen bedacht sein, nicht nur auf das eigene Wohl. Das ist die Haltung, die euren Umgang miteinander bestimmen soll; es ist die Haltung, die Jesus Christus uns vorgelebt hat. Er, der Gott in allem gleich war und auf einer Stufe mit ihm stand, nutzte seine Macht nicht zu seinem eigenen Vorteil aus. Im Gegenteil: Er verzichtete auf alle seine Vorrechte und stellte sich auf dieselbe Stufe wie ein Diener. Er wurde einer von uns – ein Mensch wie andere Menschen. Aber er erniedrigte sich noch mehr: Im Gehorsam gegenüber Gott nahm er sogar den Tod auf sich; er starb am Kreuz wie ein Verbrecher. Deshalb hat Gott ihn auch so unvergleichlich hoch erhöht und hat ihm als Ehrentitel den Namen gegeben, der bedeutender ist als jeder andere Name.*

Philipper 2,4-9; NGÜ

Jesus nutzte seine Macht nie zu seinem eigenen Vorteil aus. Er wählte Dienerschaft. Er wählte Tod. Er wählte Verachtung. Er wählte, was menschlich gesehen nichts Gutes ist. Aber er wählte es, weil er dem

Willen seines Vaters mehr vertraute. Weil er wusste, dass alles, was Gott plant, immer nur vollkommen und gut sein kann. Auch dann, wenn es ihn physisch ans Ende brachte. Ich bin sicher, die meisten von uns kennen das Evangelium. Und trotzdem: Lass dir diese Haltung einmal auf der Zunge zergehen. Wie krass ist das bitte! Kennst du irgendjemanden sonst mit so einer Haltung?

Bist du frei, den Willen Gottes zu wählen, auch dann, wenn er deinem eigenen entgegen geht? Oder wenn es dich etwas kostet? Hast du Freiheit, das die nächsten Wochen einmal konkret auszuprobieren?

MICHA-6-CHALLENGE
Gehorsam, Liebe, Demut

» Es ist dir gesagt, Mensch, was gut ist und was der Herr von dir fordert: nichts als Gottes Wort halten und Liebe üben und demütig sein vor deinem Gott.

Micha 6,8; LUT

Micha 6 bringt auf den Punkt, welche Prinzipien Gott für ein gutes Leben aus seiner Sicht definiert: Gehorsam (Gebote halten), Liebe und Demut. Es gibt in der Bibel verschiedene solcher Fokusstellen, die das, was Gott als „gut" priorisiert, in kurzen Sätzen zusammenfassen. Das Doppelgebot der Liebe in Matthäus 22 wäre ein anderes Beispiel. Die Seligpreisungen in Matthäus 5 ein weiteres.

Nimm dir konkrete Situationen vor, um Gehorsam, Demut und Liebe in deinen Beziehungen zu wählen. Und natürlich: Mach's nur, wenn du es freiwillig wählst und eine innere Freiheit hast, es aus Liebe zu tun. Kommt dir Jesus nahe?

GEHORSAM

Bist du frei, jemandem, der dir nahesteht und der in dein Leben sprechen darf (Ehepartner, Eltern, Mentorin, Jüngermacher, Chefin, Pastor), gehorsam zu sein? Bist du frei, selbst wenn es dich einen Preis kostet? Eifere Jesus nach, der selbst als Sohn Gottes durch das, was er erleiden musste, Gehorsam lernte (Hebräer 5,8).

LIEBE

Bist du frei, jemand anderem ohne Bedingung oder erwartete Gegenleistung zu dienen?

DEMUT

Bist du frei, etwas aufzugeben, was eigentlich dein „Recht" wäre?

DER APRIL IM FOKUS

RÜCKBLICK

Das hat Gott Gutes zu mir geredet:

Das habe ich als wirklich gut erlebt:

Dafür bin ich dankbar:

Das ist mir richtig gut gelungen:

AUSBLICK

Das will ich mit dem Geist Gottes prüfen:

Darauf freue ich mich:

Das wird schwierig:

Hier warte ich auf ein Reden Gottes:

PRÜFSTEIN

Das will ich behalten:

Das will ich verwerfen:

NOTIZEN

MAI

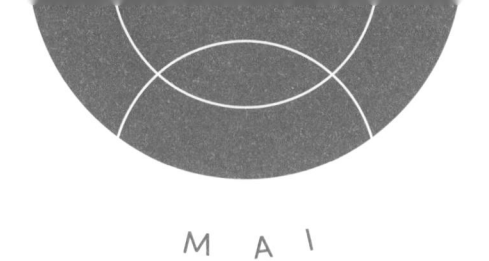

Gott ist gut

„Irgendwie ist da Misstrauen reingekommen", denke ich, als ich auflege. „Das war doch früher nicht so."

Ich habe mit einer Freundin gesprochen. Wir sehen uns nicht oft, aber wenn wir uns sehen oder hören, ist es immer sehr vertraut. War, muss ich sagen. Denn seit einiger Zeit fließt es nicht mehr so ungestört hin und her. Ich kann nicht genau greifen, was es ist. Aber ich weiß, wie es sich anfühlt: Ich bin mir nicht mehr sicher, ob sie ganz ehrlich zu mir ist. Hält sie etwas zurück? Und wenn ja, warum? Habe ich etwas gemacht, was sie wiederum irritiert hat?

Wenn sich Misstrauen einschleicht, wird es unsicher. Man eiert dann so lange umeinander herum, bis sich der Erste aus der Deckung wagt. Meistens helfen ein offenes Gespräch, Herzenteilen, Nähe.

Mit Gott passiert uns das auch, dass wir umeinander herumeiern. Also, eigentlich nur von unserer Seite aus. Da bringt die Bibel solche Statements wie in Lukas 18,19: „Gut ist nur Gott, sonst niemand" (NGÜ), und man denkt sich: „Ah, okay. Kann das stimmen? Ich erlebe doch Gutes durch andere ..." Und schon kommt Misstrauen ins Herz. Ist Gott eigentlich ganz ehrlich zu mir? Enthält er mir was vor? Dieses Misstrauen löst eine Unsicherheit aus, ob das, was wir über Gott aus der Bibel wissen, wirklich so stimmen kann. Außerdem ist da so viel Böses, da sind zu viele schreckliche Bilder und Lebensgeschichten, so viele miterlebte oder selbst erlebte Schmerzen – wie soll man da noch an einen guten Gott glauben? Und wenn wir erst mal drin sind im

Hinterfragen, dann kommt schnell ein „Überhaupt – woher können wir wissen, dass Gott gut ist und am Ende nicht doch willkürlich und hart?". Auch in der Beziehung zu Gott hilft an solchen Punkten: ein offenes Gespräch, Herzenteilen, Nähe.

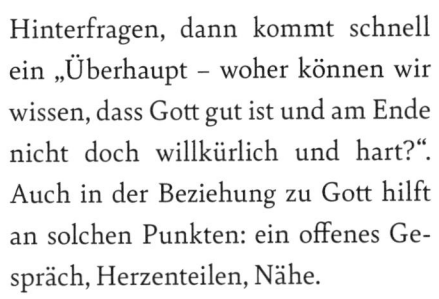

Vielleicht hast du erwartet, dass ich dir jetzt Argumente und Gründe und Bibelstellen um die Ohren werfe, warum es keinen Zweifel daran gibt, dass Gott gut ist. Das möchte ich aber nicht. Stattdessen werde ich dir ein Zeugnis von mir geben, und in der Challenge findest du einen Tipp, wie du mit deinem Weg loslegen kannst.

Du kannst nicht auf meinem Glaubensland stehen oder dich mit dieser essenziellen Frage an dem Glauben von irgendjemandem anders anlehnen. Ich weiß, dass Gott gut ist, weil ich einen Weg gegangen bin, um es herauszufinden. Du musst deinen Weg an allen Stellen, die dich in der Beziehung zu Gott herumeiern lassen, selbst gehen. Deinen Standpunkt finden, ein persönliches Erlebnis haben, ein Zeugnis hervorkommen sehen, dass das, was die Bibel über Gott sagt, wahr ist. Dann wirst du selbst sicher stehen können, und dein Bild von Gott wird sich verändern.

Für alle, die sagen: „Dass Gott gut ist, ist für mich keine Frage. Alles gut an der Stelle!"

Das ist genial! So stark, dass du Gott und seinem Wohlwollen dir gegenüber vertraust! Halte das fest, kultiviere es, segne andere mit deinem Überfluss an Vertrauen.

Meine Erfahrung ist, dass es unter unserer ersten Überzeugung manchmal noch Misstrauen geben kann, das wir nicht auf den ersten, wohl aber auf den zweiten, dritten oder vierten Blick entdecken. Quasi wie Dreck unter einem dicken Teppich aus starker Überzeugung. Sei mutig und wage mal zwei bis vier Blicke unter deine Gott-ist-gut-Überzeugung. Wenn du Dreck findest, räum ihn weg.

Also, zum Zeugnis: Es gibt in der Bibel etliche Stellen, die mich die Güte Gottes hinterfragen lassen. Es passiert so schnell, fast automatisch, mit einem kleinen Gedankenstich. Eine solche Stelle ist Johannes 6. Es geht da unter anderem um die Erwählung. Spätestens seit Calvin ist das ein Riesenfass in der Theologie und Ursache etlicher Brüche im Leib. Jesus wird hier zitiert, er sagt: „Alle aber, die der Vater mir gegeben hat, werden zu mir kommen, und ich werde sie nicht zurückweisen oder hinausstoßen" (Vers 37). Und etwas später noch: „Niemand kann zu mir kommen, wenn der Vater, der mich gesandt hat, ihn nicht zu mir zieht; und am letzten Tag werde ich ihn von den Toten auferwecken" (Vers 44).

Wenn ich jetzt um mich herum schaue, dann sehe ich: Es sind nicht alle Menschen bei Gott. Das muss doch nach dieser Stelle dann bedeuten, dass der Vater nicht alle zieht, oder? Dass er nur manchen Jesus gibt. Dass eben nicht alle für die Ewigkeit erwählt sind. Ich habe zumindest diese Stelle lange mit solchen Logikketten gelesen. Wenn Gott nur manche an Jesus übergibt, dann überlässt er andere sich selbst. Ergo: Er kann nicht gut sein. Warum sollte er sonst Menschen, die er geschaffen hat, sich selbst überlassen und nicht zu Jesus ziehen, der doch der einzige Weg zu ihm ist? Das ist doch unfair.

Das Tragische ist: Die unfassbare Güte und Liebe Gottes, die in dieser ganzen Passage verborgen ist, kam überhaupt nicht bei mir an. Da steht ja auch, dass Jesus die Menschen nicht wegstoßen wird. Und in Vers 38, dass er alle, die einmal in der Hand von Jesus sind, nie wieder loslassen wird. Auch, dass er uns vom Tod auferwecken wird! Was für versichernde Zusagen ... die ja aber nicht für alle gelten. Hm.

Erst kürzlich, als ich mal wieder in dieser Passage unterwegs war, fiel es mir plötzlich mitten ins Herz. So, als hätte jemand einen Vorhang endlich aufgemacht. Die Kausalzusammenhänge und Umkehrschlüsse, die ich hier gemacht habe, kommen gar nicht aus der Bibel, sondern aus meinem eigenen Herzen! Hier steht gar nichts davon, dass Gott damit aufhört, Menschen zu ziehen oder Menschen an Jesus zu übergeben. Was Jesus eigentlich beschreibt: Er und der Vater arbeiten bei der Errettung der Menschen zusammen. Sie sind eins in dem Wunsch, die Menschen zu retten, und in der Umsetzung auch. Der Vater zieht, der Sohn hält sie für immer in der Hand. Jesus zeigt, dass er nichts aus eigener Agenda tut – was übrigens im Kontext dieses Dialogs mit den Leuten damals total schlüssig ist. Im gesamten Johannesevangelium betont Jesus immer wieder stark sein Einssein mit Gott, dem Vater.

Ich habe schon vor diesem „Curtain-lift" zu Johannes 6 die Überzeugung gehabt, dass Gott gut ist. Die kleinen „Ja-abers" sind auf Dauer allerdings richtige Glaubensräuber, kann ich sagen. Gott hat diesen Vorhang gelüftet. Ich habe die Ja-abers immer wieder Gott hingehalten. Will sagen, ich lag ihm in den Ohren mit: „Gott, kannst du mir jetzt endlich diese Stellen erklären!" Und er ist zu seinem Wort gestanden: „Wenn ihr mich sucht, werdet ihr mich finden; ja, wenn ihr ernsthaft, mit ganzem Herzen nach mir verlangt, werde ich mich von euch finden lassen" (Jeremia 29,13-14).

Es gibt sehr viele solche Zeugnisse von sehr vielen Menschen. Menschen, die Gott aus ihren Unsicherheiten herausgezogen hat und die jetzt aus ganzem Herzen singen: *Your goodness is running after, is runnig after me ...*, deine Güte verfolgt mich mein Leben lang (nach Psalm 23,6)!

Was ist dein Zeugnis? Viel Rückenwind für deinen Weg in die Güte Gottes!

RÖMER-1-CHALLENGE
Mikro- und Makroblick

» Seit Erschaffung der Welt haben die Menschen die Erde und den Himmel und alles gesehen, was Gott erschaffen hat, und können daran ihn, den unsichtbaren Gott, in seiner ewigen Macht und seinem göttlichen Wesen klar erkennen. Deshalb haben sie keine Entschuldigung dafür, von Gott nichts gewusst zu haben.

Römer 1,20

Das löst bei mir Zweifel aus, ob Gott wirklich gut ist (Bibelstellen, Umstände, Erlebnisse):	So habe ich Gottes Güte erlebt (Bibelstellen, Umstände, Erlebnisse):

Römer 1,20 sagt, dass alle Menschen das göttliche Wesen in dem erkennen können, was er geschaffen hat. Also auch seine Güte. Zücke deinen Kalender und plane dir im Mai Zeit für eine kleine Schöpfungsstudie ein:

- Schau dir eine Natur-Doku an. Mittlerweile gibt es fantastische Dokus mit tollem Storytelling und beeindruckenden Aufnahmen. Ich kann beispielsweise *Magie der Moore* von Jan Haft empfehlen – diese Doku lief sogar in einigen Kinos. Oder die vierteilige Dokureihe *Erlebnis Erde: Unsere Erde aus dem All*. Es gibt unzählige – such dir was aus.
- Besuche ein Planetarium oder ein Naturkundemuseum.
- Leih dir ein Fachlexikon aus: Tierwelt, Pflanzenwelt, Kosmos, Ökologie der Erde, der menschliche Organismus, Licht und Kräfte – was dich anspricht. Studiere die Details und Feinheiten, die großen Zusammenhänge und Dynamiken im Zusammenspiel von allem, was Gott gemacht hat.
- Mach einen Ausflug in ein Naturreservat in deiner Umgebung und nimm an einer Führung teil.
- Verbring Zeit mit einer Person, von der du weißt, dass sie von einem Bereich der Schöpfung total begeistert ist. Lass dich von ihrem Lobpreis anstecken.

Wenn du das machst: Bring deine offenen Fragen und Zweifel mit. Bitte Gott, dir in diesen kleinen Ist-Gott-gut?-Forschungszeiten nahzukommen. Bleib mit ihm davor, währenddessen und danach im Gespräch. Mach ein klares Statement, dass du nicht in den Zweifeln festhängen möchtest, sondern erleben willst, dass Gott gut ist, wo du dir unsicher bist. Kehre um vom Weg des Misstrauens gegen Gott und positioniere dich im Vertrauen: „Ja, Gott, ich will dir vertrauen!"

> **Lesetipps**
>
> **Gottes wunderbare Welt**
> *von Betsy Painter*
> **Das Schweigen der Sterne**
> *von Norbert Pailer*

DER MAI IM FOKUS

RÜCKBLICK

Das hat Gott Gutes zu mir geredet:

Das habe ich als wirklich gut erlebt:

Dafür bin ich dankbar:

Das ist mir richtig gut gelungen:

AUSBLICK

Das will ich mit dem Geist Gottes prüfen:

Darauf freue ich mich:

Das wird schwierig:

Hier warte ich auf ein Reden Gottes:

PRÜFSTEIN

Das will ich behalten:

Das will ich verwerfen:

NOTIZEN

JUNI

Gutes bleibt gut

Starten wir den Juni mit einem Gerichtswort – ready?

> » Schlimm wird es denen ergehen, die das Böse gut und das Gute böse, die das Dunkle hell und das Helle dunkel, das Bittere süß und das Süße bitter nennen.
>
> *Jesaja 5,20*

Ich mag die Gerichtsworte Gottes. Sie sind vielleicht etwas gewöhnungsbedürftig. Wir kennen es nicht mehr, mal eine Stimme mit Autorität zu hören, geschweige denn *auf* sie zu hören! Gottes Stimme hat diese Autorität. Auch heute noch. Seine Stimme trennt und scheidet, sie schafft Leben und Lebensräume, sie rettet, und sie vernichtet auch.

In Offenbarung 4 wird seine Stimme mit dem Rauschen eines Wasserfalls verglichen. Das Rauschen eines Wasserfalls verschluckt auf eine angenehme Art alle anderen Geräusche und hat eine beruhigende, fokussierende Wirkung. Und auch einen Fachbegriff: Wasserfallrauschen wird dem sogenannten „braunen Rauschen" zugeordnet, ein Rauschen mit recht tiefen Frequenzen. Auch zur Tinnitus-Therapie wird so ein Rauschen eingesetzt. Der Wasserfall übernimmt in seiner stillen Präsenz einfach den Raum der Schallwellen. Das Gemüt von allen, die zuhören, beruhigt sich. Johannes empfindet das offensichtlich als einen passenden Vergleich für die Stimme Gottes, die er in seiner Vision vom Thronsaal wahrgenommen hat.

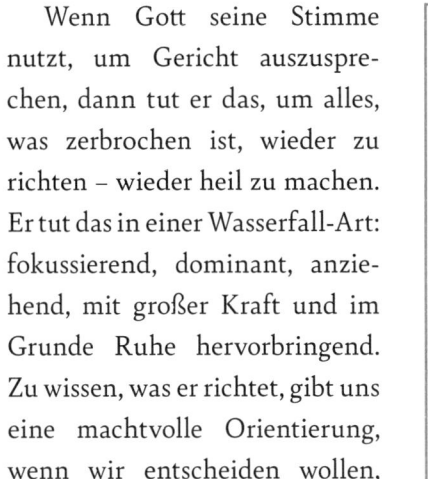

Wenn Gott seine Stimme nutzt, um Gericht auszusprechen, dann tut er das, um alles, was zerbrochen ist, wieder zu richten – wieder heil zu machen. Er tut das in einer Wasserfall-Art: fokussierend, dominant, anziehend, mit großer Kraft und im Grunde Ruhe hervorbringend. Zu wissen, was er richtet, gibt uns eine machtvolle Orientierung, wenn wir entscheiden wollen, was gut ist und was nicht. Wir können dem wohltuenden Rauschen seiner Stimme folgen, unser Inneres darin zur Ruhe bringen und sagen: „So gut, dass du das laute Schreien von Lüge und Ungerechtigkeit zum Schweigen bringst!"

So eine Haltung, um mit Gottes ausrichtenden Ankündigungen und Durchführungen umzugehen, wird an einer Stelle der Offenbarung des Johannes richtig gut beschrieben. Wir sind mitten im Endgericht Gottes durch die Zornschalen, und einer der ausführenden Engel fällt in Anbetung:

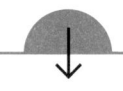

Wer hat Angst vor dem Gericht?

Wenn du merkst, dass in dir Angst hochkommt, wenn du an das Gericht denkst, das von Gott kommt, dann möchte ich dir den 1. Johannesbrief ans Herz legen. Ich finde stark, wie Johannes hier die Dynamik von Furcht und Liebe beschreibt: „Und wenn wir in Gott leben, dann kommt seine Liebe in uns zum Ziel. Und wir können dem Tag des Gerichts mit Zuversicht entgegensehen, denn wir leben in dieser Welt in derselben Gemeinschaft mit Gott wie Christus. Und unsere Liebe kennt keine Angst, weil die vollkommene Liebe alle Angst vertreibt. Wer noch Angst hat, rechnet mit Strafe, und das zeigt, dass seine Liebe in uns noch nicht vollkommen ist" (1. Johannes 4,17-18). Nicht Information oder Wissen oder Menschen oder, oder, oder ... sind also ein wirksames Mittel gegen die Angst, dass Gott uns bestrafen könnte, sondern ein Zeugnis im Herzen von Gottes vollkommener Vaterliebe.

> „Du bist gerecht, dieses Gericht zu schicken, du Heiliger, der ist und der immer war. Denn dein heiliges Volk und deine Propheten wurden ermordet, und ihr Blut strömte auf die Erde. Deshalb hast du ihren Mördern zu Recht Blut zu trinken gegeben." Und ich hörte eine Stimme vom Altar sagen: „Ja, Herr, Gott, Allmächtiger, deine Gerichte sind wahr und gerecht."

Offenbarung 16,5-7

Geht dir das leicht über die Lippen – so ein „Ja, Herr, deine Gerichte sind wahr und gerecht!"?

Das Gerichtswort aus Jesaja 5 richtet der Prophet Jesaja damals an eine sehr konkrete Gruppe Menschen. Lies gern nach. Mir geht es jetzt aber darum, das anzuschauen, was Jesaja als Gericht Gottes ankündigt: Gott wird richten – heil machen –, wo Menschen die Wahrheit bewusst verdrehen. Wo etwas, das aus Gottes Sicht gut ist, von Menschen schlecht genannt wird. Wo Menschen etwas, das finster ist, als „Licht" empfinden und das auch so nennen. Oder etwas, das bitter schmeckt, als wohlig süßen Geschmack deklarieren. Gott lässt hier ausrichten: Leute, die das tun, denen wird es schlimm ergehen.

Böses, Finsternis, Bitterkeit – diese Dinge haben eins gemeinsam: Sie dienen nicht zum Leben. Im Gegenteil. Sie verhindern Leben bei dem, der es sagt oder tut, und bei dem, der es hört oder ausbaden muss. Sie bringen Tod hervor. Doch das ureigenste Wesen Gottes ist Leben. Er ist der Lebendige. Der Geist des Lebens, der über dem Wasser schwebt. Der Atem, der allem, was atmet, Leben einhauchte. Er ist der, der war und der ist und der kommen wird. Der, der ewiges Leben in einem solchen Überfluss hat, dass er in jeden Menschen, der ihn lässt, eine Ewig-Leben-Quelle hineinlegt. Ich denke, es wird uns schlimm ergehen, wenn wir mit dem Bösen, dem Finsteren und dem Bitteren kooperieren, weil all das nicht in Gott zu finden ist. Und überall, wo er nicht drin ist, ist auch kein Leben drin. Das ist das Schlimme.

» „Meine Gedanken sind nicht eure Gedanken", sagt der Herr, „und meine Wege sind nicht eure Wege. Denn so viel der Himmel höher ist als die Erde, so viel höher stehen meine Wege über euren Wegen und meine Gedanken über euren Gedanken. Regen und Schnee fallen vom Himmel und bewässern die Erde. Sie kehren nicht dorthin zurück, ohne Saat für den Bauern und Brot für die Hungrigen hervorzubringen. So ist es auch mit meinem Wort, das aus meinem Mund kommt. Es wird nicht ohne Frucht zurückkommen, sondern es tut, was ich will und richtet aus, wofür ich es gesandt habe."

Jesaja 55,8-11

Gott redet und es entsteht Ernte. Seine Worte „bewässern" das Land. Auch das innere Land, die Seele, den Geist. Das Gute wählen heißt die Wege und Worte Gottes wählen. Es heißt anzuerkennen, dass nicht ich die Quelle allen Lebens bin, auch nicht für mein eigenes Leben, geschweige denn darüber hinaus. Er ist die Quelle.

Willst du das wählen, wo Gott drin ist? Willst du, dass das, was du redest, Autorität und Gewicht hat? Dass es Gutes hervorbringt, selbst wenn du Kritik bringst? Dann rede, was Gott redet. Lerne von Jesus, dich hinzugeben unter den Willen Gottes und nur zu reden, was dein Vater im Himmel spricht. Auch *wie* er spricht. Du wirst keine größere Autorität finden als in dem, was Gott geredet hat. Niemals eine größere positive Kraft als in der Art, wie Gott spricht, heil macht, handelt.

Paulus wollte das. Er ist damals selbst nach seiner spektakulären Wende von Böse zu Gut erst mal rund 17 Jahre in der Versenkung verschwunden, bevor er wieder öffentlich aufgetreten ist. Warum? Nun ja, er musste am Wasserfall stehen sozusagen. Sich von dem Rauschen der Stimme Gottes transformieren lassen im Denken, Tun und Sprechen. Gut so – denn geredet hat er ja später ziemlich viel. Geschrieben auch, zum Beispiel hier im Brief an die Epheser: „Lasst kein faules Geschwätz aus eurem Mund gehen, sondern redet, was gut ist, was erbaut und was notwendig ist, damit es Gnade bringe denen, die es hören" (Epheser 4,29; LUT). Amen! „Mögen die Worte, die ich spreche, und die Gedanken, die mein Herz ersinnt, dir gefallen, Herr, mein Fels und mein Erlöser!" (Psalm 19,15; NGÜ).

Amen? Amen.

JESAJA-55-CHALLENGE
Was Gott sagt, ist gut

» So ist es auch mit meinem Wort, das aus meinem Mund kommt. Es wird nicht ohne Frucht zurückkommen, sondern es tut, was ich will und richtet aus, wofür ich es gesandt habe.

Jesaja 55,11

Halbjahr! Es ist Zeit für eine Zwischenbilanz! Mein Vorschlag ist folgender: Schau dir alles an, was Gott bisher durch sein Wort zu dir gesprochen hat – durch Bibelstellen, die beim Lesen, im Austausch mit anderen oder durch dieses Buch für dich persönlich wurden. Nimm dir die drei Verheißungen aus dem Wort Gottes, bei denen du am meisten Gewicht empfindest, und schreibe sie auf eine Karte:

» Gott hat versprochen, dass ...

» Gott hat gesagt, dass ... Und das gilt auch für mich in dieser oder dieser Situation.

» Ich habe neuen Glauben für ..., weil Gott das und das gesagt hat.

Häng diese Karte neben deinen Badspiegel. Wenn du dann mehrmals täglich auf dieses Reden Gottes schaust, kannst du dem zustimmen: „Ja, genau! Ich wähle das, was Gott gesagt hat! Denn alles, was er sagt, ist gut und wird sich auch erfüllen. Danke, Jesus!"

In meinem Bad hängt seit ein paar Jahren immer wieder so eine Karte für die verschiedenen Phasen und Themen in meinem Leben, für die ich Glauben kultivieren möchte. Es hilft mir, das Gute zu wählen. Gerade bei Dingen, die lang brauchen, bis sie gut werden, ist es so entscheidend, dass du dich auf die Autorität stützt, die vom Wort Gottes kommt. Und dass du immer wieder wählst, was er gesagt hat.

DER JUNI IM FOKUS

RÜCKBLICK

Das hat Gott Gutes zu mir geredet:

Das habe ich als wirklich gut erlebt:

Dafür bin ich dankbar:

Das ist mir richtig gut gelungen:

AUSBLICK

Das will ich mit dem Geist Gottes prüfen:

Darauf freue ich mich:

Das wird schwierig:

Hier warte ich auf ein Reden Gottes:

PRÜFSTEIN

Das will ich behalten:

Das will ich verwerfen:

NOTIZEN

JULI

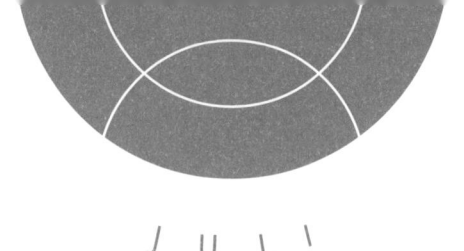

Zum Guten befähigt

Jesus hat außerhalb von menschlichen Beurteilungssystemen gelebt. Er war komplett frei von aller Menschengefälligkeit, von irdischen Ambitionen oder Zwängen. Er schwebte rein physisch nicht über den Dingen, sondern erlebte Versuchung, Schmerzen, Hunger und Durst. Gleichzeitig wurden seine Urteilsfähigkeit, sein Denken, Fühlen und Wollen nicht davon bestimmt.

Je mehr Menschen zu seinen öffentlichen Inputs kamen, um ihm zuzuhören, desto ungefälliger für rein menschliche Ohren wurden seine Predigten. „Ihr müsst mich essen" war zum Beispiel so eine Ansage. Oder: „Reiß dir das Auge aus, wenn es dich zur Sünde verleitet!" Ruft der etwa zu Kannibalismus und Selbstzerstückelung auf? Kein Wunder, dass sich da viele von ihm abwandten, die zunächst von ihm fasziniert waren. Aber ist das so sinnvoll, wenn man eine große Bewegung starten möchte? Jesus widersteht jeglichem Drang, seinen Einfluss für den eigenen Fame zu missbrauchen, sich selbst eine Bühne zu schaffen. Er bleibt komplett frei von den sich ständig wandelnden Stimmungen der Leute ihm gegenüber. Sein Fixpunkt bei dem, was er predigt und wie er predigt, ist außerhalb dieser irdischen Realität.

Jesus hat immer das gewählt, was er seinen Vater im Himmel hat tun sehn – ohne Ausnahme. Die unsichtbare Realität Gottes war für ihn jederzeit transparent. Das heißt: Er wählte immer das, was im Sinne Gottes war. Alle seine Handlungen waren davon geprägt. Er war sich klar über die von Gott gesetzten Zeitpunkte. Er lebte als Mensch in dieser Welt, aber in seinen Beurteilungen und Entscheidungen war er nie gleichförmig dieser Welt. Alles, was er dachte, tat und redete, entsprach immer dem Willen Gottes: dem Guten und Wohlgefälligen und Vollkommenen (Römer 12,2).

Nachdem Jesus in seiner Heimatstadt über Jesaja 61 gepredigt hat, wollten die Menschen, die Jesus von klein auf kannten, ihn von einer Klippe stürzen. Aus ihrer Sicht hatte er Gott gelästert, weil er behauptet hatte, Gottes Sohn zu sein. Dieser Mann? War das nicht Josefs Sohn, ein Zimmermann (Lukas 4,22)? Die Bibel erzählt uns, dass die Leute richtig zornig wurden. Das passiert sehr schnell, wenn wir mit etwas zusammenstoßen, das wir nicht einsortiert bekommen. Wenn wir jemandem begegnen, der nicht in unsere klassischen Beurteilungssysteme hineinpasst. Der etwas tut, das sich unserer Kontrolle, unserem Zugriff, entzieht. Etwas, das nicht nach den gelernten Regeln läuft.

Wir werden dann schnell unruhig, bekommen Angst – oder werden wütend. Die Gemüter kochen hoch. Bei den Zeitgenossen von Jesus auch. Wie kann der nur so etwas behaupten? „Sie sprangen auf und trieben ihn (Jesus) hinaus an einen steilen Abhang des Berges, auf dem die Stadt erbaut war. Sie wollten ihn hinunterstürzen" (Vers 29). Und Jesus? Er lebte nicht unter diesem menschlichen Geist, sondern wurde zu hundert Prozent durch den Geist Gottes geleitet. Er wusste, dass er dann sterben würde, wenn der Zeitpunkt da war, den Gott gesetzt hatte. Nicht, wenn gewisse Leute dachten, sie müssten nach eigenen Kriterien Gottes Gesetze ausführen. Deswegen lief er mitten durch die entrüstete Menschenmenge hindurch und ging einfach seiner Wege (Vers 30). Er war nicht unsicher oder zögerlich. Er stand unbeeindruckt mitten in einer brenzligen Situation.

Mit rein menschlichen Beurteilungssystemen kommen wir mit dem, was Jesus tut und predigt, nicht weit. Unser Verstand kommt da immer wieder an seine Grenzen. Die Nachfolger von Jesus bekamen das auch damals schon regelmäßig zu spüren. Menschliches Denken und

Beurteilen abzulegen, war ein Kernelement ihrer Ausbildung bei Jesus. „Hinter mich, Satan!", konfrontierte Jesus Petrus, als der ihn davon abbringen wollte, nach Jerusalem zu gehen, weil dort Leute waren, die Jesus umbringen wollten. Was war an diesem Rat denn so verkehrt? Man beschützt doch die Leute, die einem wichtig sind! Ergibt doch Sinn, mordlustigen Leuten nicht ins offene Messer zu laufen, oder? Was soll am Tod des Messias schon nützlich sein? Die Begründung von Jesus: „Du siehst die Dinge nur mit den Augen der Menschen und nicht, wie Gott sie sieht!" (Matthäus 16,23).

Krass finde ich, dass Jesus hier menschliche Beurteilungen mit dem gleichsetzt, was Satan tut. Das rein Menschliche entspricht also nicht automatisch dem, wie Gott ist. Im Gegenteil sogar: Es hat mehr Nähe zu dem, was nicht aus Gott kommt, sondern vom Feind.

Der Wille Gottes ist das Gute, das Wohlgefällige und das Vollkommene. Der Wille von Menschen ist das, was dem eigenen Ego dient, dem Komfort und dem eigenen Recht (Galater 5,19-21; Römer 1,20-36). Aus unserer eigenen Anstrengung heraus ist es unmöglich, das zu wählen, was tatsächlich gut ist. Es braucht eine Verwandlung unserer Gesinnung – es braucht einen neuen Geist.

Paulus erklärt das den Nachfolgern von Jesus in Rom später so: Wir sollen unser Denken, unser Verhalten und unsere Gewohnheiten völlig erneuern. Es geht darum, neu zu lernen, was Menschsein als Söhne und Töchter Gottes bedeutet, die im Geist neu geboren sind. Es geht darum, radikal neu beurteilen zu lernen. Das Ziel ist, alles, was gesagt wird oder was passiert, anhand des guten und vollkommenen Willens Gottes einsortieren zu können. Zu lernen, nichts mehr aus rein menschlichen, ichzentrierten Motiven heraus zu tun – so wie Jesus. Wir sollen seine Gesinnung annehmen (Philipper 2,5). Daraus entsteht eine große Entscheidungssicherheit. Denn wir werden fähig, das zu wählen, was Ewigkeitswert hat.

Möchtest du lernen, wie Jesus zu entscheiden? Souverän zu bleiben, wenn Situationen unangenehm, ja, brenzlig werden? Möchtest du lernen, die Dinge nicht nur mit menschlichen Kriterien zu bewerten? Für dein Leben so zu entscheiden, dass es für die Ewigkeit und dem Beurteilungssystem Gottes standhält?

Dann brauchst du den Geist, den Jesus hatte. Den Geist Gottes. Aus eigener Kraft ist es unmöglich.

Durch den Geist Gottes wirst du befähigt werden, im Sinne von Jesus zu denken und zu entscheiden. Gott hat versprochen, das Echte und Gute durch seinen Heiligen Geist in unseren Sinn *hineinzuschreiben* (Hebräer 10,16). Er wird dich neu prägen, wenn du ihn dazu einlädst. Das ist ein richtiger Vertrauensbeweis Gottes, finde ich: Er gibt uns nicht eine komplizierte neue Strategie oder ein anstrengendes Umdenkmanöver, sondern seinen eigenen Geist. Den Geist, der immer im Sinne Gottes denkt und beurteilt. Es braucht also von uns aus nur die Demut zu sagen: „Ja, bitte, Herr, schenke mir deinen Geist, dass ich das Gute wählen kann und das, was dir Freude macht und was durch und durch vollkommen ist."

RÖMER-12-CHALLENGE
Neues Denken lernen

» Und seid nicht gleichförmig dieser Welt, sondern werdet verwandelt durch die Erneuerung des Sinnes, dass ihr prüft, was der Wille Gottes ist: das Gute und Wohlgefällige und Vollkommene.

Römer 12,2; ELB

Lerne zu beurteilen, welche Stimme in dir gerade redet: Redet der alte Mensch, der an das Irdische gebunden ist? Oder redet der Heilige Geist in dir?

Nimm dir ein Blatt Papier und male in die Mitte den kleinen Thron, von dem ich im Intro erzählt habe. Schreibe dann in einer Farbe als Überschriften folgende Begriffe in gleichmäßigen Abständen verteilt darum herum: Gesundheit, Beziehungen, Arbeit, Gefühle, Hobbys, Wie ich meine Zeit verbringe, Gesellschaft, Finanzen, Familie.

Schreibe dann zu jedem dieser Bereiche in Stichpunkten konkrete Situationen dazu, die dir dazu jeweils in den Sinn kommen. Was nennst du gut, was schlecht? Setze hinter jeden deiner Stichpunkte ein Plus für „gut" und ein Minus für „schlecht".

Lade jetzt den Heiligen Geist ein, dich zu lehren, wie das alles aus Gottes Sicht zu beurteilen ist. Geh dann bewusst noch mal durch alles durch, und setze Plus- und Minuszeichen in einer anderen Farbe neben deine eigenen Beurteilungen. Es kann gut sein, dass diese Runde etwas mehr Zeit braucht. Das ist okay. Gib dem Geist Gottes Zeit, in dir neues Denken zu bewirken.

„Tut Buße und kehrt um", ruft Petrus, als die Leute an Pfingsten vom Geist Gottes überführt werden, weil sie nicht so gelebt haben, dass es dem Guten und Vollkommenen entspricht. Diese Einladung gilt auch dir heute noch. Komm mutig vor den Gnadenthron Gottes, bedanke dich für das Licht, das Gottes Geist in dir angemacht hat, und tu Buße über eigenes Beurteilen. Sag bewusst Ja zu den neuen Beurteilungskriterien, die Gott in dein Herz hineinschreibt.

NOTIZEN

DER JULI IM FOKUS

RÜCKBLICK

Das hat Gott Gutes zu mir geredet:

Das habe ich als wirklich gut erlebt:

Dafür bin ich dankbar:

Das ist mir richtig gut gelungen:

AUSBLICK

Das will ich mit dem Geist Gottes prüfen:

Darauf freue ich mich:

Das wird schwierig:

Hier warte ich auf ein Reden Gottes:

PRÜFSTEIN

Das will ich behalten:

Das will ich verwerfen:

NOTIZEN

AUGUST

Gute Wurzeln, gute Früchte

Ich habe einen kleinen, rot-gelben Apfel in der Hand. Der Baum, an dem er grade noch hing, steht irgendwo im Nirgendwo, ziemlich unzugänglich an einem recht steilen Abhang. Wir sind auf einer Wanderung zufällig hier vorbeigekommen. Unterwegs sind wir heute schon an etlichen Bäumen vorbeigekommen. Viele tragen auch gerade Früchte. Aber bisher hatten wir kein Bedürfnis nach einer Pause mit Snack. Jetzt schon.

Der Apfel hier sieht unscheinbar aus. Nicht zu vergleichen mit den viel größeren und ebenmäßigeren Artgenossen, die ich bei uns im Supermarkt sonst kaufe. Ich beiße zu. Diese Intensität hätte ich nie erwartet! Wow! Frisch und saftig, aber nicht zu beißend mit der Säure, fast blumig im Duft. Jetzt weiß ich auch, wie Leute auf diese duften Beschreibungen auf Weinflaschen gekommen sind – nicht so leicht, einen Geschmack nur mit Worten rüberzubringen!

Der Baum sieht genauso mickrig aus wie der Apfel. Hier kommt sicher niemand zum Ernten her. Doch dieser Zufallsapfel ist sehr besonders. So besonders, dass wir einen kleinen Zweig abbrechen, die Bruchstelle feucht verpacken und in den Rucksack stecken. Zuhause werden wir probieren, einen unserer Apfelbäume mit diesem Ast zu veredeln. Mal schauen, ob es klappt, diese leckere Frucht zu vermehren.

Gott erklärt uns seine ewigen, geistlichen Prinzipien sehr oft durch Dinge, die wir aus der sichtbaren Welt kennen. Jesus erzählt deshalb bewusst auch viel in Gleichnissen über die Gesetzmäßigkeiten und Prinzipien, die im unsichtbaren Königreich Gottes gelten.

Eines dieser Prinzipien ist: Gute Wurzeln, gute Früchte.

Ich liebe diesen Grundsatz! Er ist so entlastend. Vor allem für diejenigen unter uns, die es gewohnt sind, selbst für alles Gute hart arbeiten zu müssen, ist das eine richtig gute Nachricht: Im Königreich Gottes geht es sehr oft mehr darum, wo wir beheimatet sind, als darum, ob wir das Richtige tun. Das heißt, dass wir für das Gute in unserem Leben eine entscheidende Weiche stellen, wenn wir als Ast am richtigen Baum wachsen – um mal in diesem Bild zu bleiben. Lesen wir also mal, wie Jesus das seinen Jüngern erklärt:

> » Nehmt euch vor falschen Propheten in Acht. Sie kommen daher wie harmlose Schafe, aber in Wirklichkeit sind sie gefährliche Wölfe, die euch in Stücke reißen wollen. Ihr erkennt sie an ihrem Verhalten, so wie ihr einen Baum an seinen Früchten erkennt. An Dornbüschen wachsen keine Trauben und an Disteln keine Feigen. Ein gesunder Baum trägt gute Früchte, ein kranker Baum dagegen schlechte. An einem guten Baum wachsen keine schlechten Früchte, ebenso wenig wie ein kranker Baum gesunde Früchte hervorbringt. Deshalb wird jeder Baum, der keine guten Früchte bringt, umgehauen und ins Feuer geworfen. Ihr seht, man erkennt sie an ihren Früchten. Nicht alle Menschen, die sich fromm gebärden, glauben an Gott. Auch wenn sie „Herr" zu mir sagen, heißt das noch lange nicht, dass sie ins Himmelreich kommen. Entscheidend ist, ob sie meinem Vater im Himmel gehorchen.
>
> *Matthäus 7,15–21*

Es geht also wieder darum, nicht nach dem ersten sichtbaren Eindruck zu beurteilen – hier ist das Thema falsche Prophetie und Informationen, die als „Gottes Reden über die Zukunft" gelabelt werden, es aber gar nicht sind. Jesus sagt: Menschen, die so etwas tun, sind wie Wölfe im Schafspelz. Nicht ungefährlich also. Wir sollen Informationen und Verhaltensweisen also wie Früchte beurteilen. Wie „schmeckt" das, was Leute sagen? Wie „schmeckt" das, was ich selbst sage? Dient es zum Leben – denn alles, was der Geist Gottes bewirkt, bringt Freiheit hervor (2. Korinther 3,17) und dient dazu, dass alle im Leib Jesu erbaut werden (Epheser 4,12)? Wird also jemand isoliert, durch Richtig-Falsch-Härte abgeurteilt, mangelt es an der Gnade Gottes, kommt Bitterkeit oder Angst hervor? Kommt es zu einer unguten Dominanz-Unterdrückungs-Dynamik, schmeckt es nach Selbstgerechtigkeit, Manipulation und Mangel? Führt etwas zu Lähmung oder Ohnmacht, regieren Sorgen und Unversöhnlichkeit? Das sind „faule Früchte".

Nach dem, was wir hier von Jesus lernen, ist das Schmecken der Früchte ein legitimes Vorgehen, um Situationen, Verhaltensweisen und Diskussionen einzusortieren. Faule Früchte, schlechter Baum. Schlechter Baum, keine guten Wurzeln.

Was ist ein „guter Baum"?

Paulus beschreibt das Volk Israel als „einen guten Ölbaum". Dieses Volk ist das erste Bundesvolk Gottes. Er hat sie als Erstes erwählt, um an ihnen seine Güte und Gnade, sein Wesen, seine Gesetzmäßigkeiten und seine guten Pläne zu offenbaren. In Römer 9 listet Paulus auf, was diese Erwählung ausmacht (Verse 4 und 5):

- die Würde, in der Identität als Söhne und Töchter Gottes zu leben (**Sohneswürde**)
- die **Herrlichkeit** Gottes zu tragen (Stiftshütte mit Bundeslade)
- große Sicherheit als Kollektiv zu erleben, durch die **Bündnisse**, die Gott mit dem Volk geschlossen hat

- durch **das Gesetz** und die guten Ordnungen Gottes Gerechtigkeit im Miteinander zu erleben und versorgt zu sein
- das Vorrecht, ihn anzubeten (**Gottesdienst**)
- die **Verheißungen** zu Wiederherstellung und einer Ewigkeit in Gemeinschaft mit Gott
- die Identität als Volk durch die **Stammesväter** und deren Glaubensgeschichte (Gott ist der Gott der Väter Abraham, Isaak und Jakob)
- **Jesus, der Messias**, der als Erstes zu den Juden als Bundesvolk gesandt worden ist

Das ist also der gute Baum. Das sind gute, heilige Wurzeln, die Gott gesetzt hat. Wer an diesem Baum wächst, bringt gute Frucht. Heißt das jetzt, dass all die faulen Früchte, die ich oben genannt habe, gar nicht zu finden sind, wenn wir uns die Menschen aus dem jüdischen Volk anschauen? Nein. Paulus vertieft das sehr präzise in Römer 11: „Doch einige dieser Zweige – damit sind die Juden gemeint – wurden herausgebrochen, und du, der Zweig eines wilden Ölbaums, wurdest eingepfropft. Nun erhältst du ebenfalls Kraft aus der Wurzel des Ölbaums und nährst dich von seinem Saft. Doch sei nicht stolz darauf, dass du anstelle der herausgebrochenen Zweige eingepfropft wurdest! Vergiss nicht, dass du nur ein Zweig bist und nicht die Wurzel, denn nicht du trägst die Wurzel, sondern die Wurzel trägt dich" (Verse 17 und 18).

Ich ermutige dich sehr, dich tiefer mit diesen beiden Kapiteln zu befassen und über den guten Ölbaum und das geistliche Prinzip von Wurzeln, Stamm und Früchten zu lernen. Durch Jesus bekommen wir Anteil an dem guten Stamm Gottes. Wer in ihm bleibt, wird Frucht bringen. Das lehrt Jesus damals zuerst seine jüdischen Zuhörer und nun auch alle, die es hören und glauben. Frucht, die gut ist. Frucht, die bleibt.

> **Lesetipps**
>
> **Roots**
> *von Tobias Teichen*
> **Alignment**
> *von Asher Intrater*

GALATER-5-CHALLENGE
Gute Früchte schmecken und verteilen

> Wenn dagegen der Heilige Geist unser Leben beherrscht, wird er ganz andere Frucht in uns wachsen lassen: Liebe, Freude, Frieden, Geduld, Freundlichkeit, Güte, Treue, Sanftmut und Selbstbeherrschung.

Galater 5,22-23

Sommerzeit ist Früchtezeit! Hier sind einige Ideen, um gute Früchte zu genießen und zu verteilen:

IM SICHTBAREN

Lade einige Freunde ein und feiert gemeinsam ein herrliches Früchtefest – Erdbeeren mit Sahne, Obstsalat mit Eis, ein Fruchtcocktail … Freut euch gemeinsam an dem, wie viel Überfluss an tollen Früchten Gott uns zum Genießen gibt!

- Bereite einen Korb mit saftigem, frischem Obst vor, und verschenke ihn an einen Nachbarn oder an jemanden in deinem Umfeld. Vielleicht ist gerade jemand krank oder niedergeschlagen? Segne ihn mit Frische und neuer Hoffnung, dass Gott gut ist.
- Bete für Israel! Danke Gott, dass er dir durch das Volk Israel Anteil an diesen großartigen Wurzeln gegeben hat. Segne Israel mit dem Frieden Gottes und mit geöffneten geistlichen Augen nach Epheser 1,18, dass sie die Verheißungen Gottes und die Erfüllungen durch Jesus erkennen können.

IM UNSICHTBAREN

Du bist in Jesus Teil von einem sehr guten „Stamm". Achte diesen Monat drauf, wo du die Früchte vom Geist Gottes schmeckst. Entdeckst du selbstlose Liebe? Eine tiefe Freude? Fällt es dir leicht, gütig oder freundlich zu sein, ohne Gegenleistung zu erwarten? Wie genial, dass das Gute aus dir herauskommt, weil der Stamm und die Wurzeln gut sind. Danke Gott, dass er der Welt durch dich gute Früchte schenkt.

DER AUGUST IM FOKUS

RÜCKBLICK

Das hat Gott Gutes zu mir geredet:

Das habe ich als wirklich gut erlebt:

Dafür bin ich dankbar:

Das ist mir richtig gut gelungen:

AUSBLICK

Das will ich mit dem Geist Gottes prüfen:

Darauf freue ich mich:

Das wird schwierig:

Hier warte ich auf ein Reden Gottes:

PRÜFSTEIN

Das will ich behalten:

Das will ich verwerfen:

SEPTEMBER

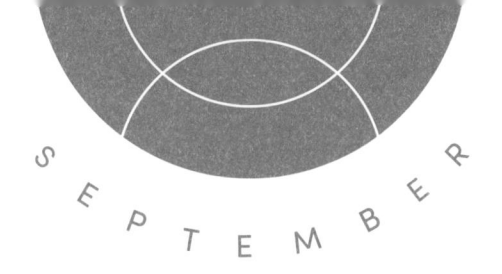

Gutes empfangen

Es gibt in meinem Leben einige Menschen, die ich schon sehr, sehr lange kenne. Mit einer Freundin bin ich gemeinsam aufgewachsen. Beim Heranwachsen gab es mal Zeiten, in denen wir näher aneinander dran waren, dann wieder Zeiten, wo jede mehr für sich war. Wir haben uns aber nie aus den Augen verloren, denn unsere Familien sind auch miteinander verbunden. Sie ist in vielen Bereichen ganz anders als ich. Und trotzdem verbindet uns eine gemeinsame Geschichte.

Es ist noch nicht lange her, dass in meinem Herzen etwas Großes weichen musste, etwas wie eine Blockade. Das hat verhindert, dass ich diese kostbare Frau wirklich als Freundin in meinem Leben empfangen konnte. Ich habe es lange wie selbstverständlich genommen, dass sie da ist. Das Doofe daran: Ich hatte immer Sehnsucht nach echten und nahen Freundschaften. Nach Beziehungen, in denen man sich nicht verstellen muss, aber auch genug Schutz da ist, aneinander reifen zu können. Beziehungen, in denen man ehrlich sein kann, ohne Angst zu haben, dass die andere direkt beleidigt ist. Ohne die Sorge, mögliche Konflikte könnten die Freundschaft kaputtmachen. Mit Freiheit auf beiden Seiten, sich entfalten zu können.

Ja, hohe Ideale. Inzwischen weiß ich: Diese Freundin hatte das auch immer als Wunsch! Wir wussten das die meiste Zeit unseres Lebens nicht voneinander, hatten nicht die Sprache und den Mut, uns wirklich zu zeigen. Deswegen blieb unser Miteinander an vielen Stellen bei einem netten Nebeneinanderher stehen. Dann gab es einen Konflikt.

Bisher bin ich Konflikten mit ihr aus den oben genannten Gründen eigentlich immer ausgewichen. Habe geschluckt, was ich ungut fand, und mit innerer Anklage weitergemacht. Habe mich nicht getraut, aus der Deckung zu kommen.

In diesem Moment brachen die angestaute Unsicherheit, das kultivierte Misstrauen, mancher nicht vergebene Ärger und jede Menge eigene Unreife aus mir heraus. Es war nicht schön. Wie gut, dass wir Hilfe hatten, um diesem Konflikt nicht auszuweichen, sondern ihn miteinander und mit dem Fokus auf Jesus zwischen uns durchzuhalten. Das hat Kraft gekostet, aber gleichzeitig auch Hoffnung gemacht.

Ich wusste: Versöhnung braucht Umkehr auf beiden Seiten. Wie meistens bei Konflikten ist man ja erst mal davon überzeugt, dass der andere das Problem ist. War es möglich, dass ich meinen Anteil an diesem Konflikt sehen würde? Ich bat Jesus um Hilfe.

„Du hast dein Herz nie für die Liebe geöffnet, die sie dir all die Jahre über geschenkt hat."

Puh! Mit so einer ungeschönten Ansage hätte ich nicht gerechnet. Jesus kann echt direkt sein, finde ich. An einem Abend nahm ich mir also Zeit. Ich durchsuchte Kisten und Ordner, Schubladen und Schränke. Kramte alles hervor, was ich an Karten, Geschenken und Fotos von ihr finden konnte. Ich musste nicht lang suchen. Schnell waren Bett und Fußboden völlig bedeckt. Ich saß und las. Knapp zwanzig Jahre Zuspruch auf Postkarten, Erkennen in Geburtstagsbriefen, Überraschungspakte, besondere Fotosammlungen von Ausflügen und geteilten Erlebnissen. Nach jedem Satz, den ich las, hielt ich inne und sagte kurz: „Danke, ich empfange deine Liebe!"

Es dauerte nicht lang, und ich weinte. Wie hatte ich das nur verpassen können? Endlich purzelte Wort für Wort, Satz für Satz ihre Liebe in mein Herz, die schon so lange für mich bereitlag. Endlich konnte ich sie sehen und fühlen. Dankbarkeit schwappte wie eine große Welle in mich hinein – und veränderte meine Sicht auf diese Beziehung komplett.

Ich erzähle dir das so ausführlich, um sichtbar zu machen: Wir sind oft blockiert und können deswegen das Gute, das wir uns wünschen, das wir vielleicht sogar von der Bibel her erkannt haben und das Gott für uns vorbereitet hat, gar nicht empfangen. Meine inneren Blockaden waren in dieser Freundschaft Misstrauen, Herzenshärte, Neid, eine überzogene Anspruchshaltung, Überheblichkeit, „Ich bin was Besseres"-Denken und feiger Rückzug.

> Macht euch nichts vor, meine lieben Geschwister! Von oben kommen nur gute Gaben und nur vollkommene Geschenke; sie kommen vom Schöpfer der Gestirne, der sich nicht ändert und bei dem es keinen Wechsel von Licht zu Finsternis gibt.
>
> *Jakobus 1,16-17; NGÜ*

Mach dir nichts vor: Du brauchst solche Ernüchterungsmomente, in denen Jesus dich überführen darf von dir selbst: Aus dir kommt nichts Gutes. Meistens stehen wir uns selbst im Weg. Aber Gott möchte uns nur gute Gaben und vollkommene Geschenke machen. Er „hat nicht einmal seinen eigenen Sohn verschont, sondern hat ihn für uns alle gegeben. Und wenn Gott uns Christus gab, wird er uns mit ihm dann nicht auch alles andere schenken" (Römer 8,32)? Geschenke müssen empfangen werden. Unausgepackt bewirken sie nichts.

Das Gute wählen heißt, dich beschenken zu lassen und empfangen zu können. Kannst du Gutes empfangen? Wird Gutes in deinem Leben noch zurückgehalten, weil dich noch etwas zurückhält, dich einfach von Gott beschenken zu lassen?

LUKAS-1-CHALLENGE
Jesus empfangen

» „Ich bin die Dienerin des Herrn und beuge mich seinem Willen. Möge alles, was du gesagt hast, wahr werden und mir geschehen."

Maria in Lukas 1,38

Wo hast du es gerade dringend nötig, dass etwas Gutes passiert? Vielleicht schleppst du auch seit einigen Monaten schon etwas Bestimmtes mit dir mit? Nimm dir in diesem Monat Zeit und bitte den Vater, dir dafür eine Verheißung, eine Zusage aus seinem Wort oder ein situatives Reden zu schenken. Mach's wie Maria, die Jesus sehr physisch und sehr übernatürlich empfangen hat, und sprich im Glauben aus: „Ja, mir geschehe nach deinem Wort! Ich empfange das von dir."

DER SEPTEMBER IM FOKUS

RÜCKBLICK

Das hat Gott Gutes zu mir geredet:

Das habe ich als wirklich gut erlebt:

Dafür bin ich dankbar:

Das ist mir richtig gut gelungen:

AUSBLICK

Das will ich mit dem Geist Gottes prüfen:

Darauf freue ich mich:

Das wird schwierig:

Hier warte ich auf ein Reden Gottes:

PRÜFSTEIN

Das will ich behalten:

Das will ich verwerfen:

NOTIZEN

OKTOBER

Das Gute festhalten

Holen wir uns noch mal die Stelle aus dem Thessalonicherbrief heran: „Prüft aber alles, das Gute haltet fest!" (1. Thessalonicher 5,21; ELB). Du hast dich in den letzten Monaten nun schon viel damit beschäftigt, was das Gute ist, woher das Gute kommt, ob Gott wirklich gut ist, nach welchen Kriterien das wahrhaft Gute beurteilt werden kann und wie du Gutes erleben und empfangen kannst. In diesem kurzen Vers steht aber noch eine zweite Aufforderung: Wir sollen das Gute, wenn wir es dann kennen und haben, *festhalten*.

> » Dies tun wir, indem wir unsere Augen auf Jesus gerichtet halten, von dem unser Glaube vom Anfang bis zum Ende abhängt. Er war bereit, den Tod der Schande am Kreuz zu sterben, weil er wusste, welche Freude ihn danach erwartete. Nun sitzt er an der rechten Seite von Gottes Thron im Himmel! Denkt an alles, was er durch die Menschen, die ihn anfeindeten, ertragen hat, damit ihr nicht müde werdet und aufgebt. Immerhin habt ihr im Kampf gegen die Sünde noch nicht euer Leben opfern müssen.
>
> *Hebräer 12,2-4*

Festhalten an dem guten Willen Gottes kann bis in den physischen Tod führen. Jesus hat diese Haltung durch sein Durchtragen am Kreuz sehr radikal vorgespurt. In allem – auch im geistlichen Ausdauertraining – ist er der, der die Wege gebahnt hat. Wir dürfen deshalb alles im Anlehnen an ihn tun: Wir dürfen hinschauen auf den Anfänger und Vollender unseres Glaubens.

Ein großes Vorbild im Festhalten ist für mich Daniel. Er erlebte die Verschleppung aus dem verheißenen Land und musste im Exil leben. Es waren ungute Umstände für jemanden, der Jahwe treu ergeben war. Aber Daniels Herz hielt Position: Er konfrontierte erfolgreich die Ernährungsgewohnheiten der Babylonier durch treues Festhalten an den Gesetzen Gottes, überlebte die Löwengrube und seine engsten Freunde den Feuerofen. Er diente dem fremden König mit übernatürlicher Weisheit und wurde seinem Gott auch dann nicht untreu, als er eine einflussreiche Position im fremden Land bekam. Er hielt an der Verheißung fest, dass Gott sein Volk in das verheißene Land zurückbringen würde.

Ab dem Kapitel 7 erzählt uns das Buch Daniel von zwei Endzeitvisionen, die er empfängt. Ab hier werden wir uns jetzt gemeinsam durch das Buch bewegen – schlag ruhig deine Bibel auf und lies mit. Das, was Daniel in der Vision vor Augen hat, ist „grauenvoll anzusehen" und „Schrecken erregend" (7,7), heißt es da. Immer wieder wird gesagt, dass Daniel von dem, was er sieht, im tiefsten Innern traurig und erschüttert ist. Gott redet zu ihm über Fratzen und Tiere, über Krieg und Zerstörung. Daniel schaut trotz allem Schock hin. Er lässt sich von Gott zeigen, was er ihm zeigen möchte.

Er schaut so lange hin, bis sich der Fokus endlich ändert: „Dann sah ich, wie Thronsessel aufgebaut wurden. Da hinein setzte sich ein sehr alter Mann, um Gericht zu halten. Seine Kleidung war weiß wie Schnee, sein Haar so hell wie die weißeste Wolle. Sein Thron bestand aus Flammen und stand auf Rädern aus loderndem Feuer" (7,9). Jetzt sieht er: Die Schreckensbilder behalten nicht das letzte Wort. Es gibt eine größere Autorität!

Daniel wendet immer noch nicht seinen Blick ab: „Ich sah so lange hin, bis das vierte Tier getötet und ins Feuer geworfen wurde" (7,11).

Er hält durch, bis er das durchgeführte Gericht sieht. Bis er ein Zeugnis hat: Ja, Gottes Autorität ist groß genug, um diese gewaltbringenden Wesen zu besiegen. Ihre Lebenszeit geht zu Ende (7,12). Daniel schaut weiter zu. Er schaut so lange, bis er zuletzt den auferstandenen Christus – „eines Menschen Sohn" (7,13) – sieht, der im Triumph beschrieben wird: „Ihm wurden Herrschermacht, Ehre und das Königreich verliehen. Alle Völker, Nationen und Sprachen gaben ihm die Ehre und dienten ihm. Seine Herrschaft ist eine ewige Herrschaft, die niemals vergehen wird. Sein Reich wird niemals zerstört werden" (7,14). Jetzt sieht er das Ziel, die Ewigkeit.

Doch der Schrecken über alles, was er vorher gesehen hat, hängt ihm trotzdem noch in allen Gliedern – obwohl er schon den Moment des Siegs über die Fratzen gesehen hat. Das genügt noch nicht, dass er seine Position in Zuversicht und Gelassenheit wieder einnehmen kann. Auch jetzt weicht er nicht zurück. Er bleibt dran und beginnt damit, sich weitere Informationen zu holen: Wie soll er das alles einordnen? Was hat es zu bedeuten und in welchen Kontext kann er das bringen, was er gesehen hat? Wo ist Gott in alledem zu finden?

Nach den Erläuterungen des Engels, den Daniel nach der Bedeutung seiner Vision fragt, ist der Schock immer noch da: „Ich, Daniel, war zutiefst erschrocken von meinen Gedanken und wurde kreidebleich. Aber ich behielt diese Bilder in meinem Herzen" (7,28). Er stellt trotz allem emotionale Kapazität zur Verfügung: Gott darf zu ihm über Dinge sprechen, die ihn enorm herausfordern. Aber er bleibt stehen – zwei Jahre lang! Dann gibt Gott ihm eine zweite Vision mit ähnlichem Inhalt (Kapitel 8). Jetzt kommt der Engel Gabriel persönlich, um Daniel mit Deutung und physischer Unterstützung zur Seite zu stehen: Er zieht ihn zurück auf die Füße, als Daniel vor Schrecken über solche Zukunftsvisionen in Ohnmacht fällt (8,18). Dank übernatürlicher Hilfe steht Daniel wieder.

Als Nächstes wird erzählt, dass Daniel anfängt, im Wort Gottes nachzuforschen. Durch die Zeitangaben der regierenden Herrscher Babylons lässt sich sagen, dass knapp zwanzig Jahre Zeit vergangen sind. Daniel steht immer noch. Ihm fällt „beim Studium der Schrift auf", dass Gott durch den Propheten Jeremia schon über die Zeit des Gerichts über Israel geredet hatte (9,2). Er setzt das, was Gott ihm vor Jahren gezeigt hat, in Kontext mit dem, was er in der Schrift findet. Er investiert Forschergeist und Glauben, dass Gott in die Geschicke von seinem Volk und der Welt eingreifen wird.

„Aus diesem Grund wandte ich mich im Gebet an Gott, meinen Herrn, fastete und legte Trauerkleider an, um meine Bitten vor ihn zu bringen. In meinem Gebet zum Herrn, meinem Gott, brachte ich die Schuld des Volkes vor ihn" (9,3-4). Jetzt beginnt Daniel mit der Fürbitte (9,4-19). Er tut stellvertretend Buße für das ganze Volk, nennt Schuld beim Namen, bittet Gott um sein Eingreifen. Sein Gebet zeigt die hohe Identifikation, die Daniel mit den Zeitplänen und dem Reden Gottes hat. Man merkt: Dieser Mann rechnet damit, dass alles so kommt, wie Gott es geplant hat. Außerdem merkt man, dass er ein Zeugnis über die Treue und Gnade Gottes haben muss. Er ist mit dem Wesen Gottes vertraut, sonst würde er nicht so beten.

Sehr besonders finde ich, wie Gott Daniel durch seine Boten mehrmals ausrichten lässt, wie sehr er ihn lieb hat! Gabriel richtet Daniel aus: „In dem Augenblick, in dem du zu beten begannst, hat Gott gesprochen. Ich bin hier, um dir zu berichten, was er sagte, denn Gott hat dich sehr lieb. Hör zu, was ich dir sage, damit du die Bedeutung der Vision verstehst" (9,23). Gott gibt nicht nur tieferes Verstehen in den Themen, die Daniel im Glauben festhält. Er bestärkt auch Daniels Identität und gibt ihm so Rückendeckung, dass er einen guten Standpunkt hält und gesehen ist. „Hab keine Angst, du bist unendlich geliebt! Friede sei mit dir. Sei stark, ja, sei stark!" (10,19).

Zuletzt bekommt Daniel eine konkrete Vision davon, warum er Daniel diese Einsichten gegeben hat. Er erhält den Auftrag, alles für die nachfolgenden Generationen aufzuschreiben. Erst jetzt – nach so vielen Jahrzehnten des Festhaltens! „Viele werden darin forschen, und so wird die Erkenntnis zunehmen" (12,4). Und Gott zeigt ihm, welches Maß an Erfüllung er für Daniels eigene Lebenszeit geplant hat: „Lass diese Dinge auf sich beruhen, Daniel ... geh deinen Lebensweg bis zum Ende. Dann wirst du ruhen, um aber am Ende der Tage aufzuerstehen und das Erbe, das dir bestimmt ist, zu empfangen" (12,9.13). Daniel nimmt das Maß an, das Gott ihm zuteilt. Darin liegt Trost für ihn selbst.

Beeindruckend, oder? Daniel suchte so lange proaktiv die Beziehung zu Gott, bis der Schrecken über das Ungute nicht mehr die Oberhand hatte. Er blieb über Jahre in einer offenen, empfangenden Haltung, hielt die Spannung aus, dass sich erst nach und nach die Puzzleteile zusammenfügen. Immer wieder ist er bereit, sich mit aller Kraft daran zu hängen, tiefere Einsicht in das zu bekommen, was Gott ihm mitzuteilen hat. Er ließ sich nicht abbringen, daran zu glauben, dass Gott Gutes vorhat, auch wenn er direkten Einblick bekam, dass der Weg durch Schreckliches hindurchführen würde. Er liebte Gott und das Schicksal seines Volkes mehr. Später sagte ihm der Engel Gabriel deswegen zu: „Von dem Tag an, als es dir wichtig wurde, das Entscheidende zu verstehen, und du dich vor deinem Gott gedemütigt hast, wurden deine Worte erhört" (10,12).

Daniels Standhaftigkeit zahlte sich aus. Gott lehrte ihn, das Gute festzuhalten. Er öffnete Stück für Stück neue, tiefere Geheimnisse für ihn, bewegte ihn dazu, sich als Fürbitter hinzugeben. „Gottes Ehre ist

Lesetipp

Rees Howells
von Norman P. Grubb

OKTOBER

es, eine Sache zu verbergen, die Ehre der Könige aber, eine Sache zu erforschen" (Sprüche 25,2; ELB). Das Gute zu behalten, heißt oft einfach, dabeizubleiben. Die Kühnheit, den Blick nicht abzuwenden und sich vom Schlechten nicht entmutigen zu lassen, ist oft schon alles, was es braucht. Wie lange bist du bereit, das Gute festzuhalten, bis du es hervorkommen siehst?

DANIEL-7-CHALLENGE
Standhaftigkeit trainieren

> Ja, was ihr nötig habt, ist Standhaftigkeit. Denn wenn ihr unbeirrt Gottes Willen tut, werdet ihr einmal erhalten, was er euch zugesagt hat.
>
> *Hebräer 10,36; NGÜ*

Wir können von Daniel lernen, uns in Standhaftigkeit zu üben, bis wir das Gute, das Gott versprochen hat, hervorkommen sehen. Diese Bausteine sehe ich in seinem Prozess des Dranbleibens. Sie sind nicht linear zu verstehen.

- Hinschauen und mögliches Erschrecken aushalten
- Den Fluchtdrang überwinden
- Das Ziel kennen („den Thron sehen")
- Herzenskapazität frei halten und Gottes Reden bewahren
- Durch Nachfragen proaktiv mit Gott in Beziehung gehen
- Übernatürliche Hilfe erwarten und empfangen (Lass dir von Gottes Geist dienen!)
- Im Wort Gottes nach Kontext forschen
- Sich in Fürbitte für das Anliegen hingeben und Buße tun, wo nötig
- Mit der Antwort Gottes rechnen
- Sicherheit und Identität durch die Liebe Gottes empfangen
- Vision bekommen, welches Maß an Erfüllung Gott für deine Lebenszeit hat

Nimm dir diesen Monat also ein Thema vor, bei dem du aktuell nur „schreckliche Fratzen" sehen kannst und bei dem es dir so vorkommt, als würde das Böse siegen. Übertrage die einzelnen Standhaftigkeits-Bausteine in dein Gebetstagebuch oder auf ein Blatt Papier. Nimm dieses Thema nun langfristig auf dein Herz. Bleib dran! Manche Dinge brauchen lang anhaltendes Stehenbleiben. Hole dir deine Übersicht immer wieder her, und trag ein, wenn du ein Zeugnis zu einem der Bausteine hast. Trainiere dich im Festhalten – wirst du wie Daniel erleben, dass Gott durchkommt?

DER OKTOBER IM FOKUS

RÜCKBLICK

Das hat Gott Gutes zu mir geredet:

Das habe ich als wirklich gut erlebt:

Dafür bin ich dankbar:

Das ist mir richtig gut gelungen:

AUSBLICK

Das will ich mit dem Geist Gottes prüfen:

Darauf freue ich mich:

Das wird schwierig:

Hier warte ich auf ein Reden Gottes:

PRÜFSTEIN

Das will ich behalten:

Das will ich verwerfen:

NOVEMBER

Den guten Weg des Lebens gehen

Zu welchem Team gehörst du – Team „Ich liebe den Prozess" oder Team „Möglichst schnell ans Ziel kommen"?

Ich bin von Natur aus eher in Team 2. Aber die letzten Jahre habe ich den Weg mehr und mehr lieben gelernt. Inzwischen kann ich die Gnade sehen, von Gott die Zeit zu bekommen, einen Weg gehen zu dürfen. Dass eben nicht alles sofort fertig und umgesetzt sein muss. Gott hat mir auch ein wenig mehr die Augen dafür geöffnet, warum er Entwicklungen so liebt. Und das tut er!

Er liebt es, in jedem Jahresverlauf wieder dabei zuzusehen, wie sich die frühlingshafte Pracht aus einer wie tot scheinenden Natur entfaltet. Er liebt es, dass Menschen als Babys geboren werden und alles – außer einige Reflexe – lernen müssen. Offensichtlich liebt er es, sich neu gewordenen Eltern als Vater zu zeigen, während sie zwischen übergroßer Freude und das Leben völlig umkrempelnder Krise des ersten Babyjahrs schweben. Er liebt es, Pläne zu machen, sie zu verbergen und dann nach und nach zu offenbaren – durch sein Wort, im Verlauf der Geschichte und an Menschen, die Ausdauer haben, die Wege Gottes zu gehen und seine Geheimnisse zu erforschen (1. Korinther 2,7-10; Sprüche 25,2).

Gott liebt den Weg so sehr, dass er seinen Sohn so nennt: Jesus sagt, dass er selbst der Weg ist (Johannes 14,6). Er ist der Weg – und gleichzeitig Anfang und Ziel, Alpha und Omega, der Erste und der Letzte. Da er jede Position hält, wirst du ihn immer finden, ganz egal, ob dir Team 1 oder Team 2 näherliegt. Weil *er* der Weg ist, ist es ein *guter* Weg.

Er hat mit dem Kreuz den Triumph über alles Böse und die Finsternis schon fertig abgeschlossen – er ist schon am Ziel. Und gleichzeitig öffnet er seither einen Raum, dass Menschen die Chance haben, sich freiwillig im Glauben in dieses vollbrachte Werk hineinzustellen und es in ihrem eigenen Leben zu erleben – er lädt uns auf einen Weg ein. „Denn mit einem Opfer hat er die, die geheiligt werden, für immer vollkommen gemacht" (Hebräer 10,14; ELB). Wir können den Weg, den Jesus nun freigeräumt hat, tatsächlich gehen! Es gibt die Möglichkeit für uns, das Gute wirklich zu wählen.

Das Gute wählen heißt Jesus wählen im Vertrauen darauf, dass er gut ist – egal, was kommt und wie viel es uns kostet. Es heißt, den Weg der Heilung zu gehen, den Weg des Lebens zu gehen: von Entscheidung zu Entscheidung, von Stunde zu Stunde, von Lebensphase zu Lebensphase.

> » Alles hat seine Zeit, alles auf dieser Welt hat seine ihm gesetzte Frist: Geboren werden hat seine Zeit wie auch das Sterben. Pflanzen hat seine Zeit wie auch das Ausreißen des Gepflanzten. Töten hat seine Zeit wie auch das Heilen. Niederreißen hat seine Zeit wie auch das Aufbauen. Weinen hat seine Zeit wie auch das Lachen. Klagen hat seine Zeit wie auch das Tanzen. Steine zerstreuen hat seine Zeit wie auch das Sammeln von Steinen. Umarmen hat seine Zeit wie auch das Loslassen. Suchen hat seine Zeit wie auch das Verlieren. Behalten hat seine Zeit wie auch das Wegwerfen. Zerreißen hat seine Zeit wie auch das Flicken.

Schweigen hat seine Zeit wie auch das Reden. Lieben hat seine Zeit wie auch das Hassen. Krieg hat seine Zeit wie auch der Frieden.

Prediger 3,1-8

Hast du ein Ja dazu, dass du das Gute nur unterwegs finden wirst? Dass es nötig ist, in Bewegung zu kommen und das Land einzunehmen? Dass du durch die Tür gehen musst, die Jesus dir geöffnet hat? Dass das gute Leben in Spannungen stattfindet und du das Gute, das du in deinem Leben sehen möchtest, durch einen Prozess von Tod und Auferstehung durcherleben wirst? Jesus hat den guten Weg des Lebens vorgespurt. Das heißt, dass alles, was dem Guten entspricht, das von Gott kommt, in dieser Welt immer so sichtbar wird: durch den Tod in die Auferstehung. „Wer von euch mir nachfolgen will, muss sich selbst verleugnen und sein Kreuz auf sich nehmen und mir nachfolgen. Wer versucht, sein Leben zu behalten, wird es verlieren. Doch wer sein Leben für mich aufgibt, wird das wahre Leben finden" (Matthäus 16,24-25). So erklärt Jesus seinen Jüngern dieses Prinzip.

In Psalm 16 wird so eine Hinwendung zu dem guten Weg des Lebens in direkter Beziehung zu Gott sehr gut greifbar. Zu mir haben die einzelnen Phasen, die darin beschrieben werden, schon häufig gesprochen. Ich konnte mich darin wiederfinden. Wenn du magst, schau ihn dir doch mal an.

> **Lesetipps**
>
> **Nachfolge**
> *von Dietrich Bonhoeffer*
> **Leben vom Meister lernen**
> *von John Mark Comer*

EPHESER-6-CHALLENGE
Die Schuhe der Bereitschaft anziehen

> Und tragt an den Füßen das Schuhwerk der Bereitschaft, das Evangelium des Friedens zu verbreiten.

Epheser 6,15; NGÜ

Am Ende der Phase, in der die zwölf Jünger direkt mit Jesus durch das Leben gegangen sind, sendet er sie aus. Er gibt ihnen den Auftrag, von Jerusalem aus bis an die Enden der Erde zu gehen, um vorzuleben, wie er mit ihnen unterwegs war (Matthäus 28,18-20). Und er verspricht ihnen den Heiligen Geist als Beistand, der ihnen die Kraft geben wird, dass sie in Vollmacht das Königreich Gottes bezeugen und demonstrieren können (Apostelgeschichte 1,8). Diese Sendung gilt seither für alle Nachfolger von Jesus – auch für dich! Trägst du schon diese „Schuhe der Bereitschaft"?

Nimm dir in diesem Monat Zeit, zwei bis fünf konkrete Erlebnisse aufzuschreiben, wie Jesus dein Leben erneuert, geprägt und verändert hat. Wie hast du seine Kraft in deinen Umständen, in deinen Beziehungen, in deinen inneren Prozessen erlebt? Halte fest, was es für dich ganz konkret heißt, im Königreich Gottes zu leben, in dem nicht mehr die Macht der Finsternis dich gefangen hält, sondern du die Freiheit hast, aus der Liebe Gottes ganz und gar im Licht zu leben.

Bereite dich darauf vor, deine persönlichen Zeugnisse von Jesus und vom Königreich mit anderen zu teilen. Keine Sorge, ich werde dir nicht auftragen, wann und wie oft. Aber ich möchte dich challengen: Fang an, mit Jesus darüber zu sprechen. Frag ihn, welche Türen er dir öffnet, an welchen Leuten aus deiner Umgebung er eh gerade dran ist. Bitte den Heiligen Geist, dass er mit seiner Sendungskraft in dir Platz nimmt. Ich wäre gespannt zu hören, was du erlebst! Erzähle auf jeden Fall den Leuten, die dir nah sind, von deinen Erlebnissen.

DER NOVEMBER IM FOKUS

RÜCKBLICK

Das hat Gott Gutes zu mir geredet:

Das habe ich als wirklich gut erlebt:

Dafür bin ich dankbar:

Das ist mir richtig gut gelungen:

AUSBLICK

Das will ich mit dem Geist Gottes prüfen:

Darauf freue ich mich:

Das wird schwierig:

Hier warte ich auf ein Reden Gottes:

PRÜFSTEIN

Das will ich behalten:

Das will ich verwerfen:

NOTIZEN

DEZEMBER

Eine Erinnerungs-kultur des Guten

Es ist wieder Winter. Längst haben sich Gras, Blumen, Früchte und Blätter verabschiedet. Die Farbenvielfalt ist dahin. Aber: Das Leben ist noch da. Die Vorräte sind voll. Und ich hole meinen Wintermantel in einer knalligen Farbe aus dem Schrank, um einen Kontrast zu setzen.

Ich liebe den Winter. Es gibt keine Jahreszeit, in der der Himmel so klar und offen ist. Sicher, es gibt auch schmuddelige Grau-in-grau-Tage. Aber es gibt eben auch die anderen. Die Wintertage voller Herrlichkeit. Ich finde kein treffenderes Wort, um das zu beschreiben. Wäre es nicht echt, wäre es zu kitschig. Es sind die Tage, in denen die Luft in Glitzerstaub gehüllt ist, das blasse Gelb der Wintersonne tiefe Sanftmut verbreitet und die scharfen Kontraste der blattlosen Bäume sich vor dem graublauen Himmel wie moderne Kunst abzeichnen. Es sind die Tage, an denen mein Kopf luftig und frisch ist und ich mich schon fast auf dem Kristallmeer vor dem Thron Gottes stehen sehe.

Du musst meine leidenschaftliche Winter-Liebe nicht teilen! Was ich versuche: dir diese Zeit schmackhaft zu machen. Dich in diese Herrlichkeit einzuladen. Ich möchte dir Lust machen, in diesen Tagen deine Gedanken zu lüften. Die Erinnerungen an das vergangene Jahr in der klaren Kälte erfrischen zu lassen. Wenn es früh dunkel wird, mach dir bewusst ein Licht an und genieße diese Kraft, die Licht hat.

Mir ist die Winterzeit in den letzten Jahren echt wertvoll geworden. Ich lege meinen Jahresurlaub bewusst auf die Zeit des Jahreswechsels, um genau das zu tun: nichts Neues hervorzubringen, sondern mich an den Farben und Früchten der vergangenen Jahreszeiten zu freuen. Dankbarkeit zu kultivieren. Ich setze mich hin und schaue mir gemeinsam mit Gott und den Menschen, die mir nah sind, die Herrlichkeiten an, die ich erlebt habe.

Dankbarkeit bahnt einen Weg für neues Heil: „Wer mir seinen Dank zeigt, der bringt mir ein Opfer dar, das mich ehrt. So ebnet er den Weg, auf dem ich ihm Gottes Rettung zeige" (Psalm 50,23; NGÜ). Um das Gute zu halten, ist die Dankbarkeit eine der besten Methoden. Für mich funktioniert sie bisher auf jeden Fall sehr, sehr gut!

Welche Wunder sind dir untergekommen? Manche waren vielleicht klein und alltäglich, kaum wahrnehmbar, außer für dich. Waren große Glaubenswunder dabei?

Wie hat sich die Güte Gottes in diesem Jahr in dir ausgebreitet? Um dich herum?

Wo bist du an herausfordernden Fragen gewachsen? Welche Knacknüsse konntest du mit der Hilfe vom Heiligen Geist prüfen und lösen?

Welche Wünsche sind in Erfüllung gegangen, welche Ziele hast du erreicht? Die nicht erreichten Ziele erzählen dir wahrscheinlich genauso gewisse Herrlichkeiten wie die erreichten – ich habe es jedenfalls sehr oft schon so erlebt.

Setze dir dabei wieder die Fokus-Brille auf. Wähle ganz bewusst, dich beim Erinnern immer zu fragen, wie Gottes gutes Wirken darin sichtbar wurde. Nimm dir Zeit und warte, bis du merkst, dass wirkliche Dankbarkeit in dir hervorkommt. Genieße die Früchte, die in diesem Jahr in deinem Leben hervorgekommen sind. Teile deine Zeugnisse und Erlebnisse, neue Gedanken über Gott und neue Tiefen im Wort, die sich dir erschlossen haben, mit anderen. Freue dich an Reifeprozessen in deinem Charakter.

Die Psalmen sind ja eine schier endlose Fundgrube, wie Dankbarkeit – zu Gott gesungen, gerufen oder gesprochen – eine Erinnerungskultur des Guten hervorbringt. Hier mal einige Beispiele:

» Herr, ich will dir von ganzem Herzen danken und von deinen Wundern erzählen. Ich will mich über dich freuen und deinen Namen loben, du Höchster.

Psalm 9,2-3

» Was bist du bedrückt, meine Seele, und was ächzt du in mir? Harre auf Gott; denn ich werde ihm noch danken, der Rettung meines Angesichts und meinem Gott.

Psalm 42,12; LUT

» Ich aber will dem Herrn stets aufs Neue danken und ihn vor allen Menschen preisen. Denn er steht dem Armen zur Seite, um ihn vor denen zu retten, die ihn verurteilen.

Psalm 109,30-31

» Halleluja! Ich will dem Herrn von ganzem Herzen danken vor allen, die zu ihm gehören und vor seiner Gemeinde. Die Taten des Herrn sind wunderbar! Sie geben allen, die Freude an ihnen haben, zu denken. Alles, was der Herr tut, ist herrlich und großartig, und seine Gerechtigkeit besteht ewig. Wer kann die Wunder vergessen, die er vollbringt? Gnädig und barmherzig ist unser Herr! Denen, die auf ihn vertrauen, gibt er, was sie brauchen, und vergisst niemals seinen Bund mit ihnen. Er hat seinem Volk seine große Macht gezeigt, indem er ihm die Länder anderer Völker gab. Alles, was er tut, ist gerecht und gut, und alle seine Gebote sind vertrauenswürdig. Sie sind ewig gültig und sollen treu und aufrichtig befolgt werden. Er hat sein Volk befreit und seinen

Bund mit ihm für immer bestätigt. Heilig und gewaltig ist unser Gott! Ehrfurcht vor dem Herrn ist der Anfang wahrer Weisheit. Klug sind alle, die sich danach richten. Sein Lob hört niemals auf.

Psalm 111

» Du bist mein Gott, ich will dir danken! Du bist mein Gott, ich will dich loben! Danket dem Herrn, denn er ist gut und seine Gnade bleibt ewig bestehen.

Psalm 118,28-29

JEREMIA-29-CHALLENGE
Dein Dankbarkeitspsalm

» „Denn ich weiß genau, welche Pläne ich für euch gefasst habe", spricht der Herr. „Mein Plan ist, euch Heil zu geben und kein Leid. Ich gebe euch Zukunft und Hoffnung."

Jeremia 29,11

Gottes Pläne für dich und dein Leben sind gut. Seine Pläne für diese Erde sind auch gut. Hast du in diesem Jahr erlebt, wie dir diese guten Pläne Gottes klarer in den Fokus gerückt sind? Schreibe deinen persönlichen Dankbarkeitspsalm darüber. Du musst die schweren Dinge nicht verschweigen. Halte es wie David und die vielen Psalmisten vor dir: Sei echt, aber richte deinen Fokus klar auf den, der gut ist, und auf das gute Ziel, auf das du im Vertrauen auf Gottes Wort zugehst.

DER DEZEMBER IM FOKUS

RÜCKBLICK

Das hat Gott Gutes zu mir geredet:

Das habe ich als wirklich gut erlebt:

Dafür bin ich dankbar:

Das ist mir richtig gut gelungen:

AUSBLICK

Das will ich mit dem Geist Gottes prüfen:

Darauf freue ich mich:

Das wird schwierig:

Hier warte ich auf ein Reden Gottes:

PRÜFSTEIN

Das will ich behalten:

Das will ich verwerfen:

NOTIZEN

O U T R O

Von Kraft zu Kraft

» Glücklich ist der Mensch, dessen Stärke in dir (Gott) ist! Gebahnte Wege sind in seinem Herzen! Sie gehen durch das Tränental und machen es zu einem Quellort. Ja, mit Segnungen bedeckt es der Frühregen. Sie gehen von Kraft zu Kraft. Sie erscheinen vor Gott in Zion.

Psalm 84,6-8; ELB

Wie sehr diese Welt solche glücklichen Menschen nötig hat! Menschen mit gebahnten Wegen im Herzen, durch die die Güte Gottes in dieser Welt landen kann. Menschen, die versorgt sind, auch wenn sie sich gerade in einem schmerzhaften Tränental befinden – weil sie gelernt haben, die lästigen Sorgen radikal loszulassen und ganz auf Kosten Gottes zu leben. Sie machen Wüsten zu Oasen! Solche Menschen werden dringend gebraucht. Menschen, die anderen helfen können, in desolaten Beziehungen, in hart gewordenen und verzweifelt isolierten Herzen oder in brachliegenden Berufungen Oasen anzulegen. Oasen echter Hoffnung und einer konkreten Vision für das Leben hier und jetzt.

Und: Von Kraft zu Kraft gehen solche Leute – das sagt zumindest der Sänger dieses Psalms. Woher kommt diese Kraft, die sich scheinbar unendlich erneuert?

Hier verbirgt sich ein Geheimnis. Die Kraft, von der hier die Rede ist, ist unabhängig von dem Maß an Körperkraft oder Fitness, die jemand hat. Es hat damit zu tun, dass jeder Mensch eine innere und eine äußere Lebenskraft hat. Die äußere ist leicht zu beschreiben: Sie kommt aus unserem Körper, der je nach Alter, Gesundheit und Training richtig gut in Form sein kann und uns kraftvoll durchs Leben trägt. Oder auch nicht so sehr kraftvoll.

Und: Jeder Mensch hat auch eine innere Kraft. Das ist zunächst die Kraft der Seele, unsere Widerstandsfähigkeit, die Möglichkeit, mit Willenskraft und Überzeugung Großes zu erreichen, mit einem zähen Charakter weit zu kommen. Aber damit ist es ja ähnlich wie mit dem Körper – wirklich beständig ist die innere seelische Kraft nicht. Selbst bei den Resilientesten von uns gibt es eine Grenze der Belastbarkeit. Ein Ende des Von-Kraft-zu-Kraft-zu-Kraft-...-Laufens.

Es ist also noch mal eine andere Kraftdimension gemeint: nämlich die Kraft, die direkt aus Gott kommt. Das ist die einzige Kraft, die niemals ausgeht. In allen Menschen, die im Geist neu geboren werden und die durch Jesus das unsichtbare Heimatland wechseln (Kolosser 1,13), wird ein neuer Geist geboren. Jesus verwendet das Bild der Geburt, um dem Gelehrten Nikodemus dieses Geheimnis zu veranschaulichen. Bei dem Wunder der neuen Geburt im Geist zieht dieselbe Kraft in uns ein, die Jesus aus dem Tod auferstehen ließ. Es ist die Kraft Gottes. Es ist die Kraft, die Leichen zu neuem Leben erweckt. Die Kraft, die Leute heilt, weil der Schatten von einem Träger dieser Kraft auf ihn fällt. Es ist Kraft, die aus gierigen Zachäussen Großzügigkeitsvorbilder macht. Das ist die einzige Kraft in diesem Universum, die niemals endet und die alles vermag – sowohl innerlich als auch äußerlich.

Aber das Innere – das Unsichtbare, der Geist – ist Trumpf. Paulus beschreibt das in einem seiner Briefe an die Korinther so:

> » Deshalb ermatten wir nicht, sondern wenn auch unser äußerer Mensch aufgerieben wird, so wird doch der innere Tag für Tag erneuert. Denn das schnell vorübergehende Leichte unserer Bedrängnis bewirkt uns ein über die Maßen überreiches, ewiges

Gewicht von Herrlichkeit, da wir nicht das Sichtbare anschauen, sondern das Unsichtbare; denn das Sichtbare ist zeitlich, das Unsichtbare aber ewig.

2. Korinther 4,16-18; ELB

Tag für Tag für Tag für Tag, von Kraft zu Kraft zu Kraft ... Gottes Idee ist, dass du lernst, schon jetzt aus diesen ewigen Ressourcen zu schöpfen und so durch deine Lebensjahre zu gehen. Er erlaubt dir durch Jesus, aus seiner Kraft zu leben, die er durch seinen Geist in dir entfaltet. Einfach, weil er ein totaler Menschenliebhaber ist! Er hat eine große Freude daran, Menschen zu befähigen und sich selbst an uns zu verschenken.

Paulus beschreibt das als „Herrlichkeit". Herrlichkeit ist die Fülle des Guten, der Heiligkeit und der Vollkommenheit. Herrlichkeit ist das, was Gott ausmacht und ihn umgibt. Es ist das, in was er uns verwandelt, wenn wir bereit sind, dieses Gute – ihn selbst – zu wählen. Paulus hat das ewige Gewicht dieser Herrlichkeit am eigenen Körper erlebt, und zwar „über die Maßen" und „überreich"! Wer solche Worte benutzt, muss eindrücklich stark von der ewigen Herrlichkeit Gottes geprägt sein. In kraftraubenden Situationen für den äußeren Menschen war Paulus ja zur Genüge. Doch das Gute Gottes hat ihn durch so manche Not oder Verzweiflung, durch zwischenmenschliche Probleme, durch Überwindungskämpfe, seinen „Stachel im Fleisch", durch Gefängnis und Verfolgung hindurchgetragen.

Unser Geist, der innere Mensch, ist aus dieser Herrlichkeit geboren. Er ist ewig. Er wird täglich erneuert, weil er direkt aus den Quellen Gottes gefüttert wird – das ist Herrlichkeit zum Anfassen. Das meint Jesus, als er der Frau am Jakobsbrunnen davon erzählt, dass er in ihr eine ewige Quelle mit Wasser des Lebens zum Laufen bringen möchte: Das Wasser, das er uns gibt, wird in uns zu einer nie versiegenden Quelle, die unaufhörlich bis ins ewige Leben fließt (Johannes 4,14). Menschen, für die dieses Geheimnis zur Lebensrealität wird, sind in der Tat glücklich. Sie können unabhängig von allem bleiben, was ihnen an Bösem oder Schlechtem unterkommt. Das ist doch mal eine gute Nachricht, oder?

Motiviert dich das schon jetzt für dein nächstes Jahr? Das ist gut!

Lauf nicht länger auf endlicher Kraft. Schalte um. Lass dir von Jesus eine Quelle der nie endenden Lebenskraft schenken. Und dann: *Let it flow.*

Bleib dran. Gott bleibt gut.

Reich an Gutem

Feiere deine Schätze – all das Gute, das du dieses Jahr in deinem Leben empfangen und festhalten konntest.

Fokus auf Gott

Was ich in diesem Jahr das erste Mal über Gott gedacht habe:

Diese Gottesbilder habe ich dieses Jahr über den Haufen geworfen:

Das hat mich überrascht, über Gott zu entdecken:

Mein nahester Moment auf dem Schoß des Vaters in diesem Jahr:

Fokus auf Gott

So habe ich den Heiligen Geist erlebt:

Jesus ist mir dieses Jahr vor allem so begegnet:

Diese inneren Widerstände Gott gegenüber konnten bisher nicht aufgelöst werden:

Ein Wesenszug Gottes, der mir dieses Jahr neu zugänglich wurde und der mir Sicherheit gibt:

NOTIZEN

Gunnar Engel

AGAPE

**Dein Leben ändert sich, wenn du aus Liebe handelst.
Dein Plan für das Jahr. 1. Korinther 16,14**

Dieser geistliche Reflexionsbegleiter mit viel Platz für Notizen geht mit dir Step by Step durch ein ganzes Jahr und führt dich durch zwölf verschiedene Bereiche deines Lebens anhand der Frage: Wie verändert Liebe dich und dein Umfeld? Denn Liebe ändert alles!

Gebunden, 14,8 × 21 cm, 192 S.,
2-farbige Innengestaltung, mit Leseband
Nr. 227.000.068,
ISBN: 978-3-417-00068-9

SCM
R.Brockhaus

Andreas Boppart, Central Arts (Hrsg.)

KREUZWEISE

Sechs Begegnungen mit Christus rund ums Kreuz
Eine Kollaboration in Text, Bild & Musik

Das Buch erzählt lebensverändernde Christusbegegnungen von sechs biblischen Personen mit dem Gekreuzigten. Diese Begegnungen werden textlich, grafisch und musikalisch zugänglich gemacht. Ein Plädoyer für Nachfolger, sich gemeinsam versöhnt um Christus, den Gekreuzigten, einzufinden.

Gebunden, 17 × 24 cm, 192 S.,
4-farbige Innengestaltung und Tiefprägung
Nr. 227.001.001,
ISBN: 978-3-417-01001-5

SCM
R.Brockhaus

Gunnar Engel

VISION

**Alles ändert sich, weil Gott dich sieht.
Dein Plan für das Jahr. 1.Mose 16,13**

Wirf einen Blick in dein Innerstes! Dieses Buch begleitet dich Schritt für Schritt zu deiner persönlichen Vision für das neue Jahr! Bleibe mit Gott das ganze Jahr über im Gespräch, teile deine Ziele und Träume mit ihm - und sein liebevoller Blick wird dich von innen heraus verändern!

Gebunden, 14,8 × 21 cm, 144 S.,
2-farbige Innengestaltung mit Leseband
Nr. 227.000.029,
ISBN: 978-3-417-00029-0

SCM
R.Brockhaus